Desapegar-se
Schopenhauer
com

**Dados Internacionais de Catalogação na Publicação (CIP)
(Câmara Brasileira do Livro, SP, Brasil)**

Belloq, Céline
　　　Desapegar-se com Schopenhauer / Céline Belloq ;
tradução Monica Stahel. – 1. ed. – Petrópolis, RJ : Vozes, 2021.

　　　Título original: Lâcher prise avec Schopenhauer
　　　ISBN 978-65-5713-118-3

　　　1. Existência (Filosofia) 2. Filosofia I. Título.

21-63520　　　　　　　　　　　　　　　　　　　　　　　CDD-128

Índices para catálogo sistemático:
1. Existência : Filosofia　128

Aline Graziele Benitez – Bibliotecária – CRB-1/3129

Desapegar-se com Schopenhauer

CÉLINE BELLOQ

Com a colaboração de Fanny Morquin

Tradução de Monica Stahel

© 2011, 2019, Éditions Eyrolles, Paris, France

Tradução realizada a partir do original em francês intitulado
Lâcher prise avec Schpenhauer
Edição brasileira publicada por intermédio da Agência Literária A.C.E.R.

Direitos de publicação em língua portuguesa – Brasil:
2021, Editora Vozes Ltda.
Rua Frei Luís, 100
25689-900 Petrópolis, RJ
www.vozes.com.br
Brasil

Todos os direitos reservados. Nenhuma parte desta obra poderá ser reproduzida ou transmitida por qualquer forma e/ou quaisquer meios (eletrônico ou mecânico, incluindo fotocópia e gravação) ou arquivada em qualquer sistema ou banco de dados sem permissão escrita da editora.

CONSELHO EDITORIAL

Diretor
Gilberto Gonçalves Garcia

Editores
Aline dos Santos Carneiro
Edrian Josué Pasini
Marilac Loraine Oleniki
Welder Lancieri Marchini

Conselheiros
Francisco Morás
Ludovico Garmus
Teobaldo Heidemann
Volney J. Berkenbrock

Secretário executivo
João Batista Kreuch

Editoração: Elaine Mayworm
Diagramação: Sheilandre Desenv. Gráfico
Revisão gráfica: Alessandra Karl
Capa: Renan Rivero

ISBN 978-65-5713-118-3 (Brasil)
ISBN 978-2-212-54969-0 (França)

Editado conforme o novo acordo ortográfico.

Este livro foi composto e impresso pela Editora Vozes Ltda.

Sumário

Modo de usar, 7

Advertência, 11

I – Os sintomas e o diagnóstico – Viver é sofrer, 13

"Toda biografia é uma patografia", 15

Ilusória é a felicidade, 25

O amor, decepção agridoce, 34

II – As chaves para compreender – Os desencadeamentos do querer-viver, 47

A tirania da Vontade, 49

A inteligência subjugada, 62

Um combate generalizado, 72

III – Os meios para agir – Enxergar além da ilusão, 81

Libertar-se da causa dos próprios sofrimentos, 83

Saborear a paz contemplando o belo, 94

Libertar-se do próprio ego, 103

A renúncia a si pelo amor universal, 113

IV – Uma visão do sentido da existência – Negar o querer-viver, 121

Imortais, 123

O nirvana ou a escolha do vazio, além da vida e da morte, 136

Encontrar o verdadeiro repouso, 140

Elementos de uma vida, 151

Guia de leitura, 155

Modo se usar

Este é um livro de filosofia diferente dos demais.

A filosofia sempre teve a ambição de melhorar nossa vida fazendo-nos compreender quem somos. Mas a maioria dos livros de filosofia interessou-se, sobretudo, pela questão da verdade, e limitou-se a estabelecer fundamentos teóricos, sem interesse pelas aplicações práticas.

Nós, ao contrário, iremos tratar daquilo que podemos extrair de uma grande filosofia com vistas a mudar nossa vida: o pequeno detalhe cotidiano, assim como o olhar que lançamos sobre nossa existência e o sentido que lhe damos.

No entanto, não se pode pensar a prática sem revisar a teoria. A felicidade e a realização se complementam mutuamente e nenhuma delas acontece sem um esforço de reflexão. Procuraremos evitar a complacência e as receitas fáceis de certos manuais de desenvolvimento pessoal. Uma nova maneira de agir e de viver implica sempre também uma nova maneira de pensar e de se conceber. Descobriremos assim o prazer, por vezes vertiginoso, do pensamento que, por si só, provoca já uma mudança em nossa vida.

Por isso, convidamos o leitor a refletir sobre alguns conceitos antes de propor-lhe interrogar-se sobre si mesmo.

Primeiramente cabe-nos identificar nossas questões, em seguida interpretá-las com a ajuda de novas teorias para, enfim, poder remediá-las por meio de ações concretas. Somente depois que já tivermos mudado nossa maneira de pensar, de sentir e de agir é que poderemos nos interrogar a respeito do quadro mais amplo de nossa vida e seu sentido. É por isso que este livro, dividido em quatro grandes partes, avançará da seguinte forma:

I – Os sintomas e o diagnóstico

Nós determinamos inicialmente o problema a ser resolvido: de que sofremos e o que é que determina a condição humana? Como compreender com precisão nossos equívocos e nossas ilusões? Abordar os problemas de forma correta já é um primeiro passo em direção à sua solução.

II – As chaves para compreender

O que é que a filosofia traz de novo para iluminar essa compreensão? O que é que devemos mudar radicalmente em nossa maneira de ver para assumir de fato nossa vida? Aqui, o leitor conhecerá as teses mais inovadoras da filosofia que o ajudarão a produzir um novo olhar sobre si mesmo.

III – Os meios para agir

Como essa nova concepção do ser humano muda nossa maneira de agir e de viver? Como se pode aplicar ao cotidiano nossa nova filosofia? Como nosso pensamento transforma nossas ações que, por sua vez, transformam quem nós somos? O leitor encontrará aqui receitas que podem ser aplicadas ao seu cotidiano.

IV – Uma visão do sentido da existência

Apresentaremos, enfim, as teses mais metafísicas, mais especulativas, de Schopenhauer. Se o leitor já aprendeu a gerir melhor sua vida no dia a dia, resta-lhe agora descobrir um sentido mais global para enquadrar sua experiência. Enquanto os capítulos precedentes lhe mostravam *métodos, meios* para viver melhor, nesta última parte ele se confrontará com a questão do propósito, a *finalidade* da existência, que não pode ser determinado sem uma visão global e metafísica do mundo, e do lugar que ocupamos nele.

Assim, este não é um livro apenas para ser lido, mas também para ser posto em prática. Questões concretas a respeito de nossa vida acompanham as teses apresentadas em cada capítulo. Não o leia passivamente, mas arregace as mangas para questionar sua vida e obter assim respostas honestas e pertinentes. Com provocações e exercícios concretos, você será incitado a trazer para dentro de sua vida concreta os ensinamentos da filosofia. Da mesma maneira, esforce-se para apropriar-se deles e encontrar situações oportunas para praticá-los seriamente.

Você está pronto para começar a viagem? Pode ser que ela o surpreenda, ou pareça, às vezes, árida, ou quem sabe chocante... Você está preparado para sentir-se desestabilizado, arremessado em uma nova maneira de pensar e, portanto, de viver? Essa viagem através das ideias de um filósofo do séc. XIX o transportará também para o fundo de você mesmo. Então, deixe-se guiar ao longo destas páginas, acompanhando as questões e as ideias apresentadas, para descobrir como o pensamento de Schopenhauer pode mudar sua vida.

Advertência

Uma vez que a filosofia, segundo Platão, é um "remédio da alma", todo livro de filosofia tem o dever de alertar o leitor contra possíveis efeitos secundários indesejáveis. A filosofia de Schopenhauer é um tratamento particularmente violento que muitos julgarão insuportavelmente amargo. Certas almas frágeis ou muito crédulas poderiam sentir-se desorientadas, desanimadas, até mesmo desesperadas diante da maneira extremamente sombria pela qual Schopenhauer descreve os tormentos da existência humana. Ver-se-ão tentadas a interromper a leitura no meio, até mesmo a simplesmente encerrá-la (o que Schopenhauer desaconselha intensamente).

No entanto, elas deverão continuar o tratamento para compreender que, se Schopenhauer descreve a crueldade e o absurdo da vida de maneira exagerada, é justamente para permitir que nos libertemos de nossas ilusões mais ofuscantes, que nos desliguemos de nossos apegos mais pueris e de nossas paixões mais embrutecedoras. Mostrando-nos a vacuidade de nossas frustrações e de nossos males de alma, o ridículo de nossas pequenas agitações e a vanidade* de nossas grandes aspirações, Schopenhauer nos alivia do peso às vezes esmagador da existência, que, muito mais do que uma tragédia, revela-se então uma comédia – macabra, decerto –, uma imensa brincadeira, nem sempre de muito bom gosto, no entanto desopilante.

---

* No francês, *vanité*. Significa também "vaidade", mas neste caso a tradução do termo está diretamente ligada à raiz *vanitas*, que se refere à qualidade do que é vão, vazio, inútil. Daí a tradução por "vanidade" [N.T.].

Assim, Schopenhauer mostra-nos o caminho da terapia mais salutar e jubilosa que existe: a do escárnio. E qual melhor maneira de "se soltar" do que aprender a não levar a sério, nem a si mesmo, nem seus sofrimentos, nem suas angústias?

I

Os sintomas e o diagnóstico

Viver é sofrer

"Toda biografia é uma patografia[1*]"

Segundo Schopenhauer, a vida é uma luta, e morreremos de armas na mão. As vitórias são poucas, as oportunidades de ser ferido são muito frequentes. Como nos debatemos para nos esquivarmos dos golpes mais previsíveis, não vemos até que ponto estamos machucados por todos os lados.

Poderíamos, portanto, escrever a biografia de um homem a partir dos sofrimentos que lhe marcaram a vida, desde o nascimento até a morte, mais do que enunciando cronologicamente o que ele fez. Essa "patografia" teria muito mais sentido.

Mas do que sofremos, realmente? Esta é a primeira pergunta que nos devemos fazer.

Um sofrimento legítimo

Razões para sofrer não faltam, infelizmente! A doença, o envelhecimento, as perdas, sejam financeiras ou de amigos, a falta de recursos, o estresse, uma profissão que rima com pressão, a incompreensão de um cônjuge, de um filho etc. Entretanto mantemos a esperança de que essas dificuldades acabem por ser superadas ou que se resolvam com uma consulta a um especialista (médico, diretor de recursos humanos, psicólogo etc.).

Mas os sofrimentos evocados por Schopenhauer não são dos que se solucionam num consultório, eles são inevitáveis. Mesmo

---

1. "La volonté s'affirme, puis se nie". In: *Le monde comme volonté et comme représentation*. PUF, 1966, p. 409 [trad. fr. A. Bureau]. Usaremos doravante as iniciais M.C.V.R. para designar esta obra.

* As passagens de Schopenhauer serão traduzidas a partir dos textos citados no original francês e as indicações das páginas referem-se à edição francesa utilizada como referência pela autora [N.T.].

que tivéssemos sorte na vida, não poderíamos ignorar as dores insidiosas que corroem nosso ser por dentro. Devem-se à instabilidade do real, ao vazio que estraga tudo, à falta que nunca conseguimos preencher, à inanidade de nosso ser, à nossa permanente impotência, os nossos fracassos... ou seja, a tudo o que, em determinados momentos de nossa existência, nos dá a impressão de estarmos perdidos, à deriva, de já não acreditarmos no objetivo que tínhamos definido para nós, de apenas fingirmos dar um sentido às coisas. No entanto, a vida não deixa de fazer promessas nas quais acreditamos sempre de novo. Ainda esperamos um amanhã melhor, amanhã que aparece como uma caixinha de surpresas cheia de esperanças. O que resta depois que o dia passa?

> A vida se apresenta como um engano que prossegue, nos detalhes e no conjunto (M.C.V.R. "De la vanité et des souffrances de la vie" ["Da vanidade e dos sofrimentos da vida"], (p. 1.334-1.335).

É portanto um sofrimento inerente à própria vida que, como veneno, contamina nossa existência, turva sua clareza, opõe-se à sua fluidez, eventualmente arranca-nos lamúrias, orações: "Estou mal, mas não sei por quê"; "Estou sofrendo sem razão". Quem pode entender uma dor tão absurda? Não será a dor do abastado? De quem não tem mais o que fazer além de olhar para a própria vida, de quem não tem nada mais por que lutar? De quem não se pode deixar de repreender: "Você se queixa, mas tem tudo para ser feliz!" De quem não conhece o verdadeiro sentido da palavra *padecer*? Sofrer sem causa real parece uma injúria aos que passam fome, às vítimas da injustiça, da guerra, e pode-se acabar tendo vergonha de se lamentar. Como se bastasse acumular uma certa quantidade de bens para conhecer a felicidade! Será tão simples? Será que o homem pode de fato se satisfazer com alguns bens materiais, com alguns bons momentos?

> Nenhuma satisfação terrena poderia bastar para tranquilizar suas cobiças, para pôr termo definitivo a suas exigências, para preencher o abismo sem fundo de seu coração (p. 1.334).

De fato, Schopenhauer foi acusado de não ter mérito para falar do sofrimento, uma vez que vivia de rendas, nunca trabalhou, nunca se casou, nunca teve filhos, vivia a doce vida dos salões, de um intelectual escritor. Ora! Só pode sofrer quem tem mérito? Seria recusar-se a ver que não faltam causas para tormentos no simples fato de viver. Não precisamos ter uma verdadeira e digna razão objetiva para nos queixar; viver é razão suficiente, e o sofrimento implicado nem por isso é menos legítimo. Se o mundo fosse mais justo nada garante que seríamos mais felizes... O inimigo, causa de todos os sofrimentos, não é tão grande nem está tão longe; está em nós: é o próprio fato de vivermos.

Portanto, é absolutamente normal, do ponto de vista de Schopenhauer, às vezes nos perguntarmos se viver vale a pena. Esse questionamento, mesmo que assuste nossos próximos, é sinal de lucidez. A sociedade tende a culpar aqueles que são afetados pela "dor de viver", exortando-os a tratar-se com terapias ou antidepressivos. Mas fugir dessa maneira seria um grave erro filosófico. Devemos, ao contrário, conduzir a busca até o fim, sob pena de concluir, como Schopenhauer, que a vida não vale todos os esforços que fazemos:

> Sim, uma vez que uma análise adulta da questão leva a concluir que a completa não-existência é preferível a uma existência como a nossa (*Parerga & Paralipomena*[2]).

O que nos faz sofrer é essencialmente a experiência do vazio da vida. Vamos tentar compreender no que ele consiste.

Inconstância e vanidade

Um objeto que era precioso aos nossos olhos pode perder o valor com o tempo; a importância que damos a uma pessoa se

---

2. "Sur la doctrine de l'indestructibilité de notre être réel par la mort" ["Sobre a doutrina da indestrutibilidade de nosso ser real pela morte"]. In: *Parerga & Paralipomena*. Coda, 2005, p. 625 [trad. fr. J.-P. Jackson]. Doravante utilizaremos as iniciais P.P. para designar esta obra.

altera de acordo não com o que ela faz, mas com a maneira pela qual a percebemos. Basta observar nossas vidas retrospectivamente para ver quantas vezes nos entusiasmamos por seres, ideias ou atividades que, a seguir, deixaram de ter qualquer interesse aos nossos olhos. Nossas estantes estão cheias de livros e CDs que antes nos proporcionavam um prazer infinito e que hoje nos deixam indiferentes. Nós nos apegamos e depois nos desapegamos, sucessivamente, sem sermos capazes de prevê-lo.

Será que temos uma boa razão para isso? Seja porque nos cansamos ou porque acabamos mudando de opinião, a razão dessas mudanças é sempre reconstituída posteriormente. O que se perde é substituído imediatamente. O amor por uma pessoa ou as promessas de amor dão lugar tão espontaneamente à indiferença ou à recusa de amar um indivíduo que, afinal, não nos parece valer tanto a pena. O arroubo é substituído pelo cansaço devido aos esforços a serem feitos. As ideias que tínhamos dos seres e das coisas passam sobre eles como um céu inconstante cheio de nuvens, projetando alternadamente sombras e luzes, fazendo-nos tomar decisões variáveis a seu respeito. Marcel, em *La recherche du temps perdu*[3] [*Em busca do tempo perdido*], por exemplo, ama apaixonadamente e dolorosamente Gilberte, que tão mal lhe retribui. No entanto, alguns anos depois ele a reencontra com a maior indiferença.

Por que tal inconstância? O espírito inevitavelmente se cansa dos esforços intensos que faz para alcançar um objetivo. Nós também nos cansamos de gostar de um ser e dos cuidados que essa afeição exige de nossa parte. O prazer recebido, no final, não resiste diante do peso dos esforços que fomos impelidos a realizar; é sob esse peso que nosso coração acaba por virar de lado e se afastar. Talvez este seja um triste cálculo mesquinho, entre ganhos e perdas. Sempre se acaba por deplorar uma perda excessiva de energia e de tempo. Esse esgotamento deveria nos inspirar o desgosto de viver:

---

3. PROUST, Marcel. *À l'ombre des jeune filles en fleurs*. Gallimard, 1988.

> Com suas contrariedades pequenas, medíocres e grandes de toda hora, de todo dia, de toda semana e de todo ano, com suas esperanças frustradas e seus acidentes que desmontam todos os cálculos, a vida traz a marca tão nítida de um caráter próprio para nos inspirar desgosto que é difícil conceber como pudemos ignorá-lo e nos deixar persuadir de que a vida existe para ser saboreada por nós com gratidão e de que o homem está neste mundo para ser feliz (M.C.V.R. "De la vanité et des souffrances de la vie", p. 1.335).

Além do cansaço que uma empreitada nos inflige, seja ela qual for, a complexidade do real também acaba vencendo nosso entusiasmo puro e ingênuo. Sem dúvida é preciso ser jovem e muito ignorante para enxergar uma injustiça por apenas um ângulo. Assim, como o conhecimento aumenta com a idade, as coisas se mostram mais complexas para nós, infinitamente imbricadas umas nas outras, e a visão das repercussões de nossos atos torna mais difíceis as decisões e as ações. Na juventude, o ideal revolucionário mesmo em sua violência podia ter um atrativo, se a ação visasse a justiça. Depois, com a reflexão, conhecendo melhor a alma humana, suas complexidades, seus desejos ocultos, suas contradições e sua versatilidade, a revolução pela violência já não parece tão atraente. A simplicidade se dissipa no aprendizado da instabilidade das coisas e das ideias que tínhamos delas. Por essas razões, as mais elevadas aspirações perdem em atrativo. É necessário, então, indagar se vale a pena empenhar-se tanto por uma causa que amanhã contará tão pouco do nosso ponto de vista.

A natureza transitória das coisas fala assim pela vanidade de todo esforço. Saber que no futuro tudo aparecerá sob outra luz desanima-nos de fazer promessas ou planos! Todo projeto nos exigirá tantos esforços que irão de encontro a tantos obstáculos que, no final, estaremos esgotados ao atingir nosso objetivo e já cansados saborearemos – mal – o fruto de nossa conquista.

Seria a solução viver no presente? O cúmulo da sensatez deveria ser, de fato, desfrutar o presente, que é o único real, uma vez que o passado já não é e o futuro ainda não é. Mas é também o cúmulo da loucura, pois o presente é evanescente por natureza.

> Nossa existência não tem outro fundamento que não o presente que foge constantemente. Também sua forma é essencialmente o *movimento* contínuo, sem possibilidade de atingir o repouso ao qual aspiramos incessantemente (P.P. "Suppléments à la doctrine du néant de l'existence" ["Suplementos à doutrina do vazio da existência"], p. 638).

O presente é inconsistente: a cada instante, não podemos nos impedir de pensar nos objetivos do dia seguinte, que, uma vez alcançados, serão substituídos por outros. Nossa vida nunca está "presente", mas sempre por vir. Para que colocar tanto coração, tanta fé, tanto de si, tanto suor, tanta intensidade em aspirações que hoje preenchem nossa vida mas amanhã constituirão vagas lembranças esparsas no meio de outras futilidades? Parecemos homens que correm atrás de uma bola e, quando a alcançam, a repelem.

Talvez você se visse tentado a responder: "É a vida!" É a prova de que não há explicação válida...

> Também as pessoas, em sua maioria, julgarão que, olhando retrospectivamente para sua vida em declínio, viveram toda ela *interinamente*, e se surpreenderão ao ver que aquilo que deixaram passar sem prestar atenção e sem usufruir era sua própria vida, era a própria coisa à espera da qual viviam. É esse, em regra geral, o curso da vida do homem; enganado pela esperança, ele dança nos braços da morte (p. 639).

Fugir à surda agitação do nosso ser

Na medida em que perseguimos incessantemente novos objetivos, nossa vida se assemelha a uma corrida com poucas pausas. Se quiséssemos deixar de correr, nosso ser seria tomado de frenesi, como se uma surda agitação subisse do fundo de nós mesmos para nos proibir todo descanso.

> A agitação é, portanto, a forma original da existência (P.P. "Suppléments à la doctrine du néant de l'existence", p. 638).

Observe como um pensamento vem importuná-lo, assim que você se dá um tempo para tomar fôlego. Quando você está em repouso, até lembranças vêm atormentar dolorosamente a cena de seu espírito, dando-lhe vontade de voltar à ação. A inquietude do espírito é sem trégua, pois ele é permanentemente bombardeado por impressões de origens diversas, que o puxam para lados diferentes e constituem uma irritabilidade surda e irredutível. Lançar-se de novo em perseguição a objetivos claros distrai o indivíduo e o preserva dessa agitação profunda.

Tal como as coisas fora dele, nosso próprio ser é instável, não tem consistência. É apanhado num movimento de transformação incessante no qual se dissolve e se recria sem trégua. Só podemos compreender essa ideia atentando para o infinitamente pequeno, para a regeneração incessante das células, para o movimento da matéria que nos constitui. Só por uma abstração do espírito julgamos ter um corpo estável, fixo, coeso. Mergulhado no interior da matéria, nosso olhar percebe uma realidade completamente diferente, instável, entre decomposição e recomposição sem fim. Portanto, não temos realidade em si, somos aparências sempre mutantes, como a fumaça de uma fogueira. É isso que mostra nossa atividade essencial, que consiste em devorar, assimilar, consumir, transformar, destruir e evacuar matéria: somos um fluxo de matéria. O alimento é, portanto, uma das grandes questões de nossa vida.

> Isso é confirmado e ilustrado pelo fato de que a condição *sine qua non* de nossa existência é uma constante excreção e um fluxo constante de matéria cuja necessidade de alimento se faz sentir sempre. Nisso, parecemos os fenômenos produzidos pela fumaça, pela chama, por um jorro de água, que se desvanecem ou cessam quando deixam de ser alimentados (p. 642).

Se a observássemos detalhadamente, a vida humana seria comparável a uma gota de água vista ao microscópio, pululante de infusórios, cuja atividade fervilhante e cujas lutas num espaço tão exíguo são risíveis. Nossa atividade apressada e séria, no lapso de tempo tão breve de uma existência, tem inegavelmente efeito cômico, quando vista com distanciamento.

Evitar o peso do tédio

Nossa existência aparece, então, em todo o seu absurdo. Corremos para adquirir meios de subsistir (prioritariamente, nos alimentar). Ora, essa tarefa é cheia de exigências ínfimas, às quais temos de atender incessantemente, todos os dias, pois nossas necessidades renascem assim que satisfeitas. Estaremos finalmente liberados uma vez garantidos nossos meios de subsistência e adquirida uma certa abastança? De modo nenhum! Precisamos manter esses meios num determinado nível, o que é objeto de inúmeras preocupações: o dinheiro investido deve ser cuidado, as propriedades mantidas, os capitais bem utilizados etc.

Depois, um novo mal nos espreita: o tédio! Consequentemente, surge uma nova exigência: como utilizar nossos meios de subsistência para eliminar esse sentimento desagradável? As necessidades primárias logo dão espaço para outras necessidades de diversão, igualmente exigentes. Nossa nova ocupação consiste então em escolher bem nossas distrações para fugir do tédio, o que não é uma atividade menos fastidiosa do que a de suprir nossas necessidades, nem menos repetitiva.

> Se existir é o objetivo, então nos foi designado o objetivo mais absurdo que há! Porque existir supõe em primeiro lugar a tarefa de subsistir, de ganhar a vida; resolvido esse problema, o que adquirimos torna-se um fardo; depois vem uma segunda tarefa que consiste em saber como dispor do que temos, evitando o tédio. Como uma ave de rapina à espreita, esse mal se abate sobre toda existência que se torna segura (p. 640).

A necessidade e a falta dão lugar, assim, ao tédio. Esse sentimento traduz a insignificância e o vazio da vida. Quem, depois de um período carregado do ponto de vista profissional, já não se viu desamparado ao voltar a calma? Quem já não teve esse sentimento depois de alguns dias de férias muito "vazios"? Tomados pela agitação cotidiana, com todas as tarefas profissionais, sociais, familiares que nos cabem, não podemos sentir o vazio da existência. Em contrapartida, nós o sentimos assim que deixamos de estar concentrados num objetivo.

Quando não estamos fazendo esforço por alguma coisa ou não estamos ocupados intelectualmente, somos reduzidos à própria existência e temos então o sentimento de sua insignificância e de seu vazio. É o que se entende por tédio. Nossa tendência arraigada de correr atrás de tudo o que é estranho e extraordinário até mostra o prazer com que vemos interromper-se a ordem natural do curso das coisas, que é tão fastidiosa (p. 641).

O fato de a existência nua nos entediar tanto prova que ela não tem valor em si mesma!

Isso se deve a que a vida não tem verdadeiro valor intrínseco e só é mantida em movimento pela necessidade e pela ilusão. Quando isso cessa, a pobreza e o vazio da existência aparecem (p. 640).

Questões vitais

1) Pare sua vida e pergunte-se: "Estou sofrendo?" Se a resposta for negativa, pergunte-se se, diante do sofrimento, você não está negando, evitando voluntariamente. Muitas vezes você não pensa, por exemplo: "As coisas não vão muito bem, mas vamos lá, não vou desanimar!" ou "Não importa... Amanhã vai melhorar!"? Se você admite que está sofrendo, por que será: solidão, estresse, conta bancária em baixa, alguma briga, decepção com algum parente, sensação de não ter êxito em nada, de não conseguir realizar nenhum objetivo planejado, falta de tempo ou de paciência, sensação de não sentir as coisas profundamente? Você sempre tem razões objetivas para sofrer? Ou seu sofrimento lhe parece, ao contrário, como diz Schopenhauer, indeterminado, difuso, vagamente ligado ao esforço que você faz para viver?

2) Pense na instabilidade de suas representações (ideia que você faz dos outros, do seu trabalho, de um novo encontro, de um homem político etc.). São razões importantes que as fazem mudar com o tempo ou às vezes são insignificâncias, detalhes menos importantes?

3) Observe-se no decorrer de um dia: os objetivos definidos para o dia têm alguma importância quando chega a noite, quando você planeja os do dia seguinte?

4) Pense na quantidade de reuniões nas quais você participou como se o resultado delas fosse da maior importância, na quantidade de amizades às quais dedicou tempo antes de perder de vista as pessoas envolvidas, na quantidade de atividades nas quais você desejou ver uma razão de viver antes de passar para outras... Quanta energia gasta! E por quê, afinal? Você diria que essas experiências são constitutivas do seu ser? Mais do que as que imagina viver amanhã? Pensando assim, você não tem a impressão de ter um passado povoado apenas de fantasmas?

5) Todos os esforços feitos para alcançar um objetivo deverão ser repetidos com a mesma intensidade no dia seguinte, e nos próximos, por outros objetivos (ou pelos mesmos: comer, amar, comunicar-se etc.). Que sentimento desperta em você a visão desse recomeçar incessante? Não é um sentimento duplo e contraditório: de um lado, o entusiasmo diante da novidade, da promessa de descoberta e de enriquecimento; do outro, o sentimento de uma repetição (o mesmo esforço, o mesmo suor, o mesmo ganho)?

6) A ação rotineira pode ser entediante, mas o fato de não fazer nada também é. Entre esses dois extremos, o que faz você se sentir mais entediado?

7) Lembre-se de algumas de suas aspirações antigas, amorosas, políticas, idealistas. O que foi feito delas? Por que as abandonou? Foi o peso do esforço a ser feito que acabou levando sua vontade a recuar? Ou você descobriu, no meio do caminho, que a questão era muito mais complexa do que tinha imaginado, ofuscado por seu entusiasmo de juventude?

Ilusória é a felicidade

Buscamos ser felizes sem constatar que a felicidade é uma ilusão. Há duas maneiras de se acreditar feliz: primeiro, satisfazendo seus desejos, em seguida aproveitando bons momentos. Esses dois caminhos da felicidade, no entanto, são impasses. O descanso, a tranquilidade são impossíveis na nossa vida. Nossa busca da felicidade nos condena à inquietude, aos tormentos e à insatisfação, tanto que, no final, as promessas com que nossas vidas nos acenavam não foram cumpridas.

> Quando dois homens que foram amigos na juventude se reencontram depois de terem sido separados pela vida, o sentimento predominante em seu espírito, quando se reveem e voltam os velhos tempos, é o de total decepção com respeito a todo o decorrer da vida. Nos dias de antigamente, na aurora cor-de-rosa de sua juventude, a vida lhes parecia uma perspectiva conveniente; faziam tantas promessas, cumpriram tão poucas. Esse sentimento é tão predominante quando eles se encontram, que nem sentem necessidade de explicá-lo em palavras; ambos o assumem tacitamente, e conversam com base nisso (P.P. "Suppléments à la docrtrıne de la souffrance du monde", p. 651).

A felicidade virá amanhã

Conjugamos a felicidade no futuro, colocando-a na satisfação que virá de desejos portadores de promessas. Por exemplo, para sermos felizes desejamos encontrar a alma-irmã, ter uma profissão gratificante, adquirir uma casa confortável, ter filhos etc. Todos imaginamos muito cedo o objeto de nossa felicidade, o que deveremos "obter" para podermos nos considerar felizes. A felicidade nos é então inicialmente "prometida" pela vida.

Muitas vezes passamos anos definindo nossos objetivos e nos esforçando para alcançá-los: dinheiro, cônjuge, casa, mas também aventuras, recordes, façanhas etc. Entretanto, uma vez atingidos esses objetivos, aparecem outros: viajar, mudar de casa, criar, desenvolver novos talentos, fazer os filhos serem bem-sucedidos na escola, ter mais tempo para si mesmo etc. Mas os primeiros objetivos não prometiam um sentimento de plenitude, não deveriam ser suficientes para nos tornar felizes? Pelo visto não, seja porque a plenitude afinal não aconteceu, seja porque não perdurou.

A felicidade é inatingível, está sempre por vir, como uma ilusão de ótica. Quando nos aproximamos, ela desaparece para logo se reconstituir no horizonte. Avançamos então de esperança em esperança, sem nos poupar nenhum esforço. Deslumbrados pelas promessas do novo objetivo, não vemos a imensa energia despendida a cada vez.

De ilusão em desilusão, deveríamos concluir que, afinal, nada é digno de ser objeto de nossas aspirações. Nossos esforços vãos deveriam nos inspirar o mais intenso desgosto: como pudemos acreditar que seria possível apreciar a vida, aproveitá-la e até sermos felizes? Em vez disso, concluímos insensatamente: "Viver é isso, ir em frente!" Mas para onde? Esse "ir em frente" é apenas um avanço rumo a algum objetivo importante? No fundo, poderia ser eterno, se a morte não acabasse com ele, pois esse avanço não tem finalidade: podemos nos dar uma infinidade de objetivos, sem coerência uns com os outros. Essa constatação deveria nos confirmar o absurdo dessa trajetória, feita de suores e de esperanças frustradas. Mas a força de uma nova ilusão é capaz de nos fazer esquecer o lado fastidioso e irrisório de nossa louca correria-perseguição:

> Eis então, em suma, a lição que cada um extrai de sua vida: os objetos de seus desejos não cessam de ser ilusórios, inconstantes e perecíveis, mais passíveis por conseguinte de lhe trazer tormento do que alegria, até o dia em que, afinal, o alicerce inteiro e o terreno sobre o qual todos se erigiam desmorona, e então o aniquilamento de sua própria vida lhe

confirma, por meio de uma última prova, que todas as suas aspirações e todo o seu querer não eram mais do que loucura e desvario (M.C.V.R. "De la vanité et des souffrances de la vie", p. 1.336).

Eternamente insatisfeito

O desejo nos aparece como um impulso agradável. Erradamente, pois o desejo corresponde à falta do objeto desejado (só se deseja o que não se tem).

> Todo desejo nasce de uma falta, de um estado que não nos satisfaz; portanto, ele é sofrimento, enquanto não é satisfeito. Ora, nenhuma satisfação é permanente; é apenas o ponto de partida de um novo desejo (M.C.V.R. "La volonté s'affirme, puis se nie" ["A vontade se afirma, depois se nega"], p. 392).

Enquanto falta, o desejo exerce sobre nós uma pressão irritante: basta que leve muito tempo sem poder ser satisfeito para que acabe por aparecer em sua verdadeira natureza, dolorosa e despótica. Pois a natureza do desejo é essencialmente tirânica: basta ter sido alguma vez o objeto de desejo de alguém para perceber quanto esse desejo é, em si, tiranizador, renovando suas exigências infinitamente, parecendo não se conseguir contentar com nenhuma satisfação. Inversamente, o desejo também é um tirano para quem o sente. Desejar alguém amorosamente não é apenas querer possuir essa pessoa fisicamente e unir-se a ela mentalmente. Não, o desejo exige sempre o que não é, ele faz brotar no seio do real um "não-ser": o que *você* deveria ser para mim, o que *eu* deveria fazer por *você*. Como ele impõe sua própria norma, as exigências inacessíveis se multiplicam, a insatisfação aumenta, o desejo de ser satisfeito cresce proporcionalmente a essa impossibilidade e a situação se torna paroxística.

Em *La méthode Schopenhauer*[4], I.D. Yalom mostra um personagem schopenhaueriano que, quando jovem, era vítima de um

---

4. YALOM, I.D. *La méthode Schopenhauer*. Points, 2008 [Ed. orig.: *The Schopenhauer Cure*. Harper Collins, 2005. • Ed. bras.: *A cura de Schopenhauer*. Harper Collins, 2019].

desejo sexual inesgotável. Todos os dias precisava conquistar uma ou várias mulheres para saciar seus sentidos, caso contrário não conseguia ter paz. Mas, uma vez que sua presa era seduzida e "consumida", o desejo voltava a brotar. Em virtude dessa necessidade de conquista, esse homem desenvolveu uma capacidade de sedução infalível e um amplo conhecimento dos desejos femininos. Surpreendeu-se por seu psicanalista não se maravilhar com essa arte triunfal, repetida todas as noites, e confessar-lhe achar tudo aquilo muito entediante. Este acrescentou até que, naquele ritmo, poderia escolher para si o epitáfio "ele transou muito", e dar o mesmo ao seu cachorrinho! A tirania do desejo produz, de fato, uma repetição incessante, que só quem deseja e se desafia a cada vez é que não percebe.

Os desejos não cumprem suas promessas

O próprio momento da satisfação de um desejo é estragado por um sentimento de decepção: a satisfação nunca é mais do que meia satisfação. Nossa imaginação havia idealizado, embelezado o objeto de nosso desejo, tanto que, quando finalmente o possuímos, ele fatalmente nos parece menos bonito do que nos nossos sonhos mais arrebatados. Ora, o embelezamento do objeto durante o processo é necessário para nos impelir a desejar. Deixamo-nos então iludir por promessas que nunca são cumpridas.

> Se ela prometeu, não está cumprindo sua promessa, a menos que queira mostrar quanto era pouco desejável a coisa desejada por nós: eis que somos enganados ora pela própria esperança, ora pelo próprio objeto de nossa esperança. Se ela deu, foi então para pedir, por sua vez (M.C.V.R. "De la vanité et des souffrances de la vie", p. 1.335).

Os objetos de nossos desejos nos trazem, finalmente, mais tormentos do que gozos, tanto que a satisfação prometida não é de praxe. Segundo P. Desproges, o casamento é a "união que permite que duas pessoas suportem tédios que não teriam se tivessem permanecido sozinhas". O dinheiro também pode ter suas ciladas: o medo de não conseguir conservá-lo, as invejas, os falsos amigos... Afinal, será que o ganhamos? Uma promoção acarreta responsabilidades que logo se tornam tirânicas, mesmo que não admitamos, para que se enfrente o desafio custe o que custar (não podemos confessar que nos enganamos!). Não fracassar, não perder torna-se uma motivação que, a nossos olhos, mascara nossa nova insatisfação e nossa inquietude incessante.

A decepção sentida quando nossos desejos são satisfeitos não nos leva, portanto, à constatação lúcida de que deveríamos renunciar a desejar, mas, ao contrário, à de desejarmos coisa melhor. O desejo, além de nos atormentar antes de ser satisfeito, vai ainda nos atormentar depois, culpando-nos por nos termos enganado quanto à escolha do objeto a ser desejado. Nossa natureza desejante parece nos dizer permanentemente: "o que você quis [...] levou a esse resultado: tente querer alguma coisa melhor[5]". E nunca nos libertamos desse desejo renascente, como um desafio lançado a nós mesmos!

Parecemos Ulisses seduzido pelas sereias, salvo que, não tendo a sabedoria de nos amarrar ao mastro para lhes resistir, lançamos nosso navio ao encontro delas de maneira precipitada.

Uma felicidade *a posteriori*

Para evitar essa corrida-perseguição atrás da felicidade, poderíamos contentar-nos em viver momentos felizes: uma temporada entre amigos, uma viagem, uma festa de família etc. Mas, segundo Schopenhauer, nosso organismo não é concebido para isso. Não sentimos a felicidade, pois "sentimos a dor mas não a ausência de dor[6]". Ora, a felicidade é negativa, no sentido em que se define negativamente como uma ausência: ausência de sofrimentos, de problemas, de mal-estar...

---

5. M.C.V.R. "De la vanité et des souffrances de la vie" ["Da vanidade e dos sofrimentos da vida"], p. 1.336.

6. Ibid., p. 1.337.

No entanto, às vezes não nos sentimos felizes? Deitados na grama ao sol, em harmonia num grupo de amigos, entre conivências e acessos de riso... Notamos então, é verdade, a cessação do sofrimento, que se traduz por uma exclamação: "Ah, como é bom!", ligada por exemplo ao calor do sol no nosso rosto. Faz-se sentir porque um instante antes não sentíamos esse prazer. Mas, se este perdura, já não o sentimos, pois nossa atenção só desperta diante de uma dor – por mais ínfima que seja – ou do contraste de uma mudança de estado. Portanto, o momento pode ser feliz sem que tenhamos consciência disso. Ora, qual é o sabor de uma felicidade inconsciente?

É todo o problema da vontade de viver, que só se faz sentir quando surge um obstáculo. A vontade flui inconsciente como um riacho enquanto ela não encontra obstáculo. Não vemos a boa saúde geral do nosso corpo, só identificamos o pequeno centímetro quadrado de pele machucada pelo sapato. Não apreciamos a prosperidade geral de nossa vida confortável, só nos contrariamos com a mancha de vinho do sofá de couro que acabamos de comprar. Só detalhes minúsculos se fazem sentir, só os obstáculos chamam nossa atenção.

Além disso, percebemos *a posteriori* que fomos felizes. De imediato, é evidente que podemos ter consciência de estar vivendo um "bom" momento (um passeio ao longo de uma praia deserta, p. ex.), mas sempre há em nós uma tensão para o futuro (o que temos a fazer depois desse passeio), uma tensão ligada à fragilidade do momento (passamos protetor solar suficiente?). Nosso espírito, mesmo que esteja à vontade, deixa-se invadir por pensamentos que o desviam da sensação agradável. Na hora, é toda a instabilidade do real e sua fragilidade intrínseca que nos impedem fundamentalmente de nos abandonarmos totalmente, sensação que, no entanto, temos posteriormente. O momento considerado "bom" não é constituído de um único bloco de tempo, mas de muitos instantes presentes, de sensações diversas. Só retrospectivamente ele será reconstituído em seu conjunto como um momento agradável.

Mesmo que, por ocasião do passeio na praia, nossa consciência esteja inquieta, essa inquietude será apagada na lembrança final do momento: já não restará mais do que a caminhada ao sol, na areia quente, à beira de um mar transparente... E, se temos a sorte de viver plenamente um momento prazeroso sem empecilhos, não tomamos consciência dele, pois nossa consciência só desperta nos contrastes. Portanto, a felicidade já está atrás de nós quando a descobrimos, e quando ficamos felizes sempre é tarde demais.

> Que nossa vida era feliz é o que só percebemos no momento em que esses dias felizes dão lugar a dias infelizes. Tanto quanto os prazeres aumentam, diminui a capacidade para saboreá-los: o prazer que se torna hábito deixa de ser percebido como tal (p. 1.337).

Schopenhauer mostra assim que a felicidade está sempre no passado ou no futuro. Entre os dois, ou seja, no presente, ela aparece como uma fumaça inacessível, "uma nuvenzinha escura que o vento empurra para cima da planície ensolarada[7]". A felicidade seria então mais um pensamento do que uma sensação.

O cansaço, de novo!

A quem contestasse: "No entanto nós temos momentos de prazer, às vezes saboreamos a felicidade!", Schopenhauer replicaria que, no final das contas, a soma dos sofrimentos é maior do que a dos prazeres. Eis o drama! Como um momento – suposto – de felicidade nos dá a esperança de obter um outro, persistimos em nossa busca dentro de uma existência que nos oferece pouca trégua.

A corrida aos objetivos decerto proporciona novos prazeres, mas também novos inconvenientes. Nada se obtém sem lutar contra obstáculos, mas nada se consegue sem cuidados, sem novas exigências – salvo talvez um diploma, mas em si ele não é nada, o que importa é aquilo para que ele abre, e então é preciso lutar. Quanto mais desejamos nos elevar, conquistar belas vitó-

---

7. Ibid., p. 1.335.

rias, maior e mais cansativo é o esforço a ser fornecido. Se nosso desejo não se imbui dessas considerações, a realidade não deixa de nos fazer defrontá-las. Portanto, nossas ambições podem ser vistas sob o ângulo da exaltação que o desejo e a imaginação produzem antes de sua realização, mas elas deveriam ser encaradas mais do ponto de vista do preço a pagar para alcançar nossos fins. O tempo que foi sacrificado, queríamos gastá-lo com isso? A preocupação valeu a pena? A "escravidão" a que nos submetemos foi recompensada pelos frutos colhidos?

De todo modo, a prudência é inútil, pois não consegue vencer a cegueira do desejo. Só saberemos posteriormente o que ele nos custará em forças, em energia, em tempo. O bicho está dentro da fruta: todo alívio já vem carregado de novos cansaços e toda satisfação traz em si um princípio de problema. Acabamos então por nos cansar de nós mesmos.

> Essa ilusão e essa desilusão persistentes, assim como a natureza geral da vida, não parecem criadas e calculadas muito mais tendo em vista despertar a convicção de que nada é digno de nossas aspirações, de nossas manobras, de nossos esforços; de que todos os bens são coisa vã, de que o mundo é completamente insolvente, de que a vida, enfim, é algo que não compensa – e tudo isso para dissuadir nossa vontade? (p. 1.335).

Questões vitais

1) O que faz você feliz? É preciso distinguir o objeto da felicidade, ou seja, o objetivo que você deve alcançar para poder ser feliz (dinheiro, alma-irmã, atividade prazerosa, êxito social, vitória etc.) do sentimento de felicidade (plenitude, satisfação duradoura, bem-estar, paz consigo mesmo). Se você ainda não alcançou seu objetivo, será que ele só é acessível no futuro? Você tem consciência de que só imagina o que o faria feliz sem ter certeza de que será de fato assim? Por que você confia em sua imaginação?

2) Escolha entre suas lembranças um momento recente em que foi feliz. Na hora você sabia que era feliz ou só o percebeu retrospectivamente? Se você pensou posteriormente "foi bom" ou "eu estava bem", lembre-se agora de como, naquela hora, seu espírito estava voltado para pequenos motivos de ansiedade, aborrecido com um pensamento, pelo medo de estragar tudo, pela preocupação com o momento seguinte etc. Está compreendendo por que Schopenhauer considera que não sentimos a felicidade como um estado de plena satisfação, sem mesclas nem contrastes?

3) Escolha um desejo seu que seja recorrente (desejo de comer, desejo sexual, desejo de reconhecimento...). Percebe as exigências a que você se submete por esse desejo (antes, durante e depois de sua realização)?

4) Observe um de seus desejos, passado ou presente (uma vontade enorme de chocolate, por exemplo). Enquanto você deseja, sua imaginação antecipa o prazer que vai sentir (na imaginação, o chocolate já está derretendo na sua boca, você sente a textura, o gosto dele). Mas a realidade nem sempre está à altura dessa idealização (o chocolate real é menos cheiroso do que você imagina). Não é assim com os objetos muito desejados (pense nas coisas que comprou recentemente, p. ex.), com as viagens, com alguns encontros? Os objetos de seus desejos sempre cumprem suas promessas?

5) Você já viveu uma prática repetitiva, obsessiva do desejo (bulímica, erótica, esportiva?), ou alguma outra compulsão? Existe diferença de natureza ou de grau entre esses desejos compulsivos e os outros desejos? Você diria que o desejo é tirânico?

O amor, decepção agridoce

"O amor é o infinito posto ao alcance dos cachorrinhos[8]", escrevia Louis-Ferdinand Céline.

Os homens fazem do amor o centro de sua existência: uma vida em que se ama plenamente ou em que se é amado só pode ser realizada. O amor é por si só uma razão de existir, um sentido para a vida, a realização por excelência de nossa humanidade. Este tema é fundamental, e Schopenhauer reconhece que o amor é a grande questão dos homens e que as maiores inteligências podem perder a razão por paixão amorosa (os crimes passionais o provam). Os poetas sempre cantaram, com infinitas variações, as belezas e as dores do amor – é verdade que este oferece múltiplas possibilidades de mágoas, refinadas, sutis, cruéis... Parece então que o amor é um tema inesgotável.

Mesmo que esse ingrediente incontornável dos contos de fada possa transformar-se muito depressa em vinagre – até mesmo em veneno –, o amor sempre aparece como a busca de uma estrela, uma redenção de nossas existências miseráveis, uma doçura sublime num mundo brutal. É a última aventura arriscada num mundo asseptizado, a última grande viagem aberta para todos: nesse domínio, os abastados não têm mais vantagem do que os outros, e os "reprovados sociais" têm a capacidade de ser excelentes.

É essa crença, ancorada no coração dos homens, que Schopenhauer vai atacar, rompendo brutalmente o mito. Como, de fato, ele define o amor? Como um instinto sexual!

---

8. CÉLINE, L.-F. *Voyage au bout de la nuit*. Gallimard, 2006 [Ed. bras.: *Viagem ao fim da noite*. São Paulo: Companhia das Letras, 2009 (Trad. Rosa Freire d'Aguiar)].

Objetivo reprodução

Schopenhauer considera o amor uma ilusão criada pela Natureza para nos impelir à reprodução: o objetivo do amor não é o encontro e a união com uma alma-irmã, mas a pura e simples procriação. Trata-se portanto de uma artimanha da Natureza de que somos vítimas. De fato, a natureza só tem consideração pela sobrevivência da espécie. Ora, nem sempre somos cooperativos nesse âmbito – é verdade que, pensando friamente, pôr um filho no mundo pode parecer um verdadeiro fardo acoplado a um ato cruel. A Natureza, então, vai nos inebriar para perdermos um pouco o juízo e cometermos o irreparável. O amor é esse estonteamento, esse encantamento inicial, cheio de promessas de prazer futuros, que nos dá vontade de nos ligar a um parceiro por toda a vida. Enquanto ele é apenas deslumbramento, nós nos dispomos a todas as loucuras. O drama começa depois.

Os adereços do discurso, a poesia, usados irremediavelmente pelo enamorado em sua embriaguez para tocar o coração e a alma de seu parceiro, na verdade visam seu corpo: o único objetivo buscado é o ato sexual. Basta ver até que ponto as relações sexuais são importantes para nós. Schopenhauer cita também o exemplo dos que se mataram porque sua "amada" recusava-se fisicamente a eles. O fato de serem correspondidos em seus sentimentos não era consolo suficiente para sua abstinência forçada.

Por conseguinte, sob a máscara do amor e para dar o troco à consciência, a natureza age... Seu objetivo é nobre: conceber indivíduos melhores. Para isso, ela procura a complementaridade dos "enamorados" tendo em vista a procriação e visa a perpetuação da espécie, sua regeneração. Ela se empenha então em encontrar as melhores combinações fisiológicas e de caracteres. Assim, um jovem e uma jovem podem entender-se muito bem sem que entre eles, no entanto, surja amor. Eles não o veem, mas a Natureza não os julga compatíveis, ou seja, o filho que nasceria deles teria uma constituição física ou intelectual sem harmonia.

Alguns talvez achem que essa visão reduz um sentimento espiritual a uma simples cópula. Mas a essa crítica Schopenhauer responde que a composição da geração futura, da qual por sua vez dependem inúmeras gerações, é o objetivo *nobre* do amor.

> A determinação das individualidades da geração futura não é, com efeito, um fim que supera em valor e em nobreza todos os seus sentimentos transcendentes e suas bolhas de sabão imateriais? (M.C.V.R. "Métaphysique de l'amour" ["Metafísica do amor"], p. 1.290).

Não se trata aqui da felicidade individual, mas da existência da humanidade para os séculos futuros. A vontade do indivíduo converge com o desígnio mais imperioso da natureza. Por essa razão, o amor é, para cada um de nós, uma questão que merece a prioridade sobre qualquer outra atividade. É o centro justificado de nossas vidas.

> A grande importância do objetivo a ser atingido é o que constitui o patético e o sublime das intrigas de amor, o caráter transcendente dos arroubos e das dores que elas provocam (p. 1.289).

Encontrar nosso "corpo-irmã"

Segundo Schopenhauer, o grau do nosso amor por outro indivíduo depende do grau de complementaridade genética que existe entre ele e nós. Quanto mais ele for importante, mais forte será nossa paixão mútua. O filósofo defende, portanto, a existência da alma-irmã, que seria mais, propriamente dito, um "corpo irmã":

> Como não há dois seres inteiramente iguais, a um determinado homem só pode convir uma determinada mulher – sempre em relação ao filho que nascerá deles. O amor verdadeiramente apaixonado é tão raro quanto o acaso de um encontro como esse (p. 1.292).

Mesmo que o encontro com a alma-irmã seja raro, cada um de nós sente em si a possibilidade de um tal amor. Por isso somos tocados pelas obras poéticas que fazem referência a ele.

Esta é mais uma razão para sofrer: somos impelidos pelo instinto a partir em busca do ser único que nos convém, ao passo que só temos uma possibilidade muito pequena de encontrá-lo. Precisamos então estar preparados para nos resignar a tomar um parceiro "aceitável", por quem sentiremos um grau menor de amor, sabendo que nossa natureza profunda não estará inteiramente satisfeita...

Quem se assemelha não se emparelha

Muitas vezes se acha que os casais que dão certo são formados por dois indivíduos que se assemelham. Sua felicidade consistiria em ter consciência de tudo o que os aproxima e na sorte de se darem tão bem. Assim, os parceiros compartilhariam valores, gostos, temas de conversa e até o mesmo humor. E é com esses fundamentos sólidos, visíveis, verificáveis que construímos a ideia que temos de um casal bem-sucedido.

Infelizmente, a Natureza, por sua vez, tem uma visão completamente diferente do casal ideal. Segundo Schopenhauer, ela não reúne semelhanças, mas dessemelhanças. Para criar a mais perfeita progenitura, a Natureza procura, antes de tudo, a complementaridade, com prioridade no plano físico, antes de atuar no plano espiritual.

A natureza vai, portanto, formar casais que apresentem con trastes físicos, a fim de que os defeitos de um sejam compensados pelas qualidades do outro na criança nascida de sua união. Se, por exemplo, temos a testa recuada, seremos atraídos por alguém de testa alta e grande, a fim de que nossa progenitura receba do nosso parceiro o que não lhe podemos dar. Somos atraídos, portanto, não pelo que parece conosco, mas pelo nosso contrário! Então, não é improvável, de modo nenhum, que você encontre seu "corpo-irmã" em alguém fisicamente muito diferente de você: você, cintura de vespa, o outro, cintura grossa, ou vice-versa; você, silhueta magra e delgada, o outro, ossatura atarracada, ou vice-versa.

O jogo amoroso consiste em fazer um inventário das diferenças do outro (e em se maravilhar diante delas). "Que barriga da perna diferente você tem!" se traduziria na linguagem da natureza por: "Essa barriga da perna tão diferente da minha é do que nosso bebê precisa!" Os jogos sensuais de descoberta do corpo do outro são, no fundo, um trabalho de exploração destinado a confirmar inconscientemente, instintivamente, a união adequada dos futuros pais. O amor não é essa cegueira, essa embriaguez do desejo, que nos dissimula os defeitos do outro. Pelo contrário, todos os seus defeitos e suas qualidades são objeto de inspeção minuciosa. Nós a fazemos sem termos sempre consciência do nosso objetivo. Lembremos as palavras de Brigite Bardot no início de *O desprezo**: "e meus tornozelos, você gosta dos meus tornozelos, e meus joelhos, você gosta dos meus joelhos..." O que aparece aos amantes sob forma de um jogo amoroso esconde, na verdade, outro projeto, o da seleção. Os amantes vão assim se escrutar, se aferir, se julgar sem nenhuma indulgência, a fim de que a natureza faça sua escolha. Muita gente gosta de olhar as mãos, os punhos, os tornozelos do parceiro; aprecia a finura de seus dedos, as articulações, o pescoço e a nuca. Por que esse olhar que achamos ser matéria para devaneio amoroso não seria, antes, um olhar que está avaliando? Os namorados seriam assim impelidos pelo instinto a se escolherem mutuamente tendo em vista o futuro filho:

> Essa análise minuciosa é a *meditação do gênio da espécie* sobre o indivíduo que pode nascer deles e a combinação de suas qualidades (p. 1.306).

Em seguida a Natureza, de sua maneira bem particular, vai casar os caracteres. Na verdade, as qualidades espirituais também são um critério de seleção, embora secundário em relação aos critérios fisiológicos. De acordo com Schopenhauer, o pai transmite a coragem e a força de caráter, a mãe, as qualidades intelectuais.

---

* *Le Mépris*, filme de 1963, dirigido por Jean-Luc Godard [N.T.].

Como o homem não transmite a beleza do rosto, mas todas as qualidades do coração, as mulheres reparam muito nessas qualidades de seu parceiro e são mais indulgentes quanto à beleza de seu rosto. Elas esperam do homem uma certa firmeza de caráter, uma certa autoridade. Observemos à nossa volta o que atrai as mulheres: o modelo viril do homem corajoso e heroico ainda tem uma certa preferência no coração delas.

Mas também não se deve cair nos estereótipos, e Schopenhauer nos adverte de que podemos tentar compensar nossas falhas por meio de nosso parceiro. Assim, uma mulher considerada "masculina" pode sentir-se mais atraída por um homem considerado "feminino"; uma mulher que ache que lhe falta sensibilidade pode encontrar no companheiro a sensibilidade que ela não tem. Se você é extrovertido, pode ser muito atraído por um ser que é entravado pela timidez, ou vice-versa. O certo, mais uma vez, é que não são as semelhanças que formam os casais, pois, segundo Schopenhauer, a Natureza só conta com um dos dois parceiros para transmitir esta ou aquela qualidade: portanto, ela não quer qualidades em dobro mas uma pluralidade dessemelhante de características, que a seguir ela cuidará de juntar a seu bel-prazer.

Ouve-se dizer, às vezes, que "tal homem não merece tal mulher" – ou vice-versa –, pois eles não têm o mesmo nível de formação, ou a mesma educação. Porém, isso é esquecer que não são espíritos que se escolhem, mas corpos, de modo instintivo, inconsciente. O segredo do amor não está de modo nenhum numa escolha refletida, depois de pesar as qualidades e os defeitos do outro. Mais uma vez, o que é visado não é a bela harmonia do casal, mas o "êxito" da progenitura. Ora, aos olhos da Natureza, só aqueles dois indivíduos, com todas as suas dessemelhanças, podem ser tão bem-sucedidos ao ter seu filho. Um belo espírito não é suficiente, portanto, para despertar espontaneamente um amor apaixonado: há outra coisa em jogo. Por isso podemos encontrar pessoas muito interessantes espiritualmente, irrepreensíveis moralmente, sem nos enamorarmos delas. Se o espírito pudesse nos levar a fazer uma escolha baseada na razão para nos casarmos, só constituiríamos casamentos racionais, e não mais os casais amorosamente apaixonados de que se trata aqui.

Formam-se, portanto, casais heterogêneos no plano da inteligência: ele, grosseiro, robusto e limitado, e ela, de grande delicadeza de sentimentos, espírito refinado, culto, amante do belo; e, ao contrário, ele, um homem de gênio, e ela, uma estúpida. É o instinto que conduz para a seleção e não a inteligência.

Como a princesa se transforma em megera e o príncipe em brutamontes crasso

Uma vez feita a seleção, o conto de fadas não dura muito. Logo os enamorados descobrem as grandes dificuldades de viver juntos. Sua decepção tem duas origens.

Em primeiro lugar, o amor era uma ilusão concebida pela Natureza com o objetivo de incitá-los a se reproduzirem. Ora, uma vez obtida a procriação, a Natureza já não precisa produzir sua magia e o inebriamento se acaba. Os enamorados veem-se novamente frente a frente, sem a alquimia que os lançava nos braços um do outro, numa espécie de arrebatamento carnal. Seus sentidos se calam, eles se veem como são e se irritam mutuamente. A doce agitação dos sentidos deu lugar a uma exasperação nervosa: tudo é pretexto para um se zangar com o outro e transformar em raivinhas o que, ainda ontem, era ardor e fogo internos.

Em seguida, é preciso lembrar que a Natureza não nos fez escolher o parceiro que nos convinha espiritualmente, a tal alma-irmã, mas um genitor (ou genitora) que preenchesse nossas faltas, a fim de fazer com ele os melhores rebentos possíveis, os mais belos, os mais vigorosos. Para isso, ela escolheu prioritariamente a complementaridade física. Quanto a nosso espírito, ele teria preferido um parceiro que, além de nos atrair carnalmente, fosse espirituoso, tivesse senso de humor, ou uma certa doçura, ou ainda os mesmos gostos que nós, a fim de compartilhar com ele um projeto, lazeres. Mas a Natureza não tem consideração nenhuma por essa harmonia de caracteres entre os amantes, só tem em vista a perfeição fisiológica. Nossa alma pode então reprovar nosso parceiro, ao passo que nosso corpo, por sua vez, sente uma intensa atração física por ele. A divisão é tal que nos faz sofrer. A doce evidência ("com certeza, é ele/ela") não pode perdurar nessas condições. Nossa alma se questiona, pede a ruptura, declara que basta, suscita brigas, enquanto nosso corpo, que afinal tem a última palavra, busca incessantemente a reconciliação. Também não compreendemos o que está acontecendo conosco. O amor é tumultuado, oscilamos entre as exortações de nossa parte espiritual e as de nossa parte física. Essas divergências não deixam de acabar provocando aversão e até inimizade por parte de nosso parceiro ou nossa parceira. Um casamento concluído nesse ínterim seria, portanto, muito infeliz.

> O amor se encontra em frequente contradição não apenas com as condições exteriores mas também com a individualidade própria, incidindo sobre mulheres que, à parte as relações sexuais, seriam objeto de ódio, de desprezo, até de horror para o amante (p. 1.313).

Passando à frente de seus interesses, unindo-se ao objeto de sua paixão, cumprindo os desígnios da espécie, o homem, uma vez dissipada a ilusão, vê-se ligado a uma "odiosa companheira de vida" ou, vice-versa, a mulher a um monstro de egoísmo.

> Só assim se explica que vejamos com frequência homens muito razoáveis, até distintos, unidos a fúrias e megeras, sem compreendermos como foi possível fazerem tal escolha.

Eis os enamorados condenados, uma vez saciada a carne, a uma vida de tormentos. O amor então não significa de modo algum felicidade, é um aspecto do mito que desmorona a nossos pés.

O inevitável adultério

É possível, entretanto, não realizar um casamento por amor, mas pela razão. A relação talvez seja então mais amena, embora falte nela a parte carnal. Se um dos parceiros sucumbe à tentação do adultério por uma paixão amorosa, não é condenável, ao contrário! Esse amor apaixonado inopinado é do interesse da espécie, segundo Schopenhauer: até mesmo os espíritos mais leais, moralmente mais delicados, não conseguem evitar o adultério quando são tomados por um amor apaixonado, ou seja, pela Natureza. Ora, o que demonstram os amantes movidos por essa força irrepressível que os leva aos braços um do outro? Que a Natureza é mais poderosa do que a razão, que estão dispostos a sacrificar seus interesses egoístas, individuais (status social, paz do lar, conforto material, glória pessoal, reputação...) pelo interesse da espécie. É o mais louvável dos sacrifícios!

Aliás, é possível estar contra aqueles que obedecem assim a uma injunção da Natureza? Estamos vendo que seu livre arbítrio não interfere em nada, que se trata de uma paixão natural. Poderíamos condená-los em nome de nossas convenções sociais que exigem fidelidade? Sentimos que a implicação de sua união simplesmente está além de nossas normas. É o que diz Schopenhauer, citando Chamfort:

> Quando um homem e uma mulher têm uma paixão violenta um pelo outro, sempre me parece que quaisquer que sejam os obstáculos que os separam, um marido, pais etc., os dois amantes são um do outro, pela Natureza, que eles se pertencem por direito divino, apesar das leis e das convenções humanas (p. 1.311).

Aos que se indignam com isso, Schopenhauer lembra que o Salvador protege a mulher adúltera considerando que todos são suscetíveis de cometer esse erro ou já o cometeram. Por outro lado, nossa alegria diante do espetáculo de jovens amantes que lutam contra todos e tudo para viver sua paixão, correndo risco de morrer, mostra que sentimos que o interesse da espécie é superior ao dos próprios amantes, concebido por pais previdentes. Basta ver nosso fascínio por Romeu e Julieta, ou por Heloísa e Abelardo (a paixão de Abelardo, aliás, diminui intensamente depois de sua castração). Essas histórias de amor em que os amantes se dispõem a sacrificar tudo nos encantam. Em contrapartida, um casamento racional suscita desprezo: eis outra prova de que nossa moral natural não é a busca da autorrealização, mas de algo transcendente.

Por que então o adultério é socialmente condenado? Schopenhauer se interessa mais especialmente pela condenação do adultério das mulheres. Um homem volúvel é um "conquistador", ao passo que uma mulher adúltera torna-se uma "prostituta". Sobre ela chovem insultos! Essa condenação deve ser considerada o "espírito de corpo das mulheres". De fato, o homem prescindiria do casamento, que para ele não passa de obrigação, ao passo que a mulher precisa da proteção de um esposo para sua progenitura. O casamento é, portanto, um meio de segurar o homem depois do nascimento do filho. Mesmo o concubinato é, hoje, um contrato tácito similar ao casamento, no compromisso que ele supõe, com as mesmas "obrigações" de fidelidade, de ajuda, de dedicação, que ligam os dois parceiros. Então, no momento em que a ilusão amorosa se dissipou e o homem poderia ter vontade de dar no pé, ele está preso a seus deveres por contrato. As mulheres, portanto, não têm nenhum interesse em ver outras mulheres se darem fisicamente aos homens fora dos vínculos do casamento. Isso poderia incitar os homens a não se casarem e prejudicar, assim, toda a gente feminina. A interdição do adultério tem então por objetivo não dissuadir os homens de concluir tal pacto, trata-se da salvação das mulheres e dos filhos.

Entretanto, todos esses amantes são traidores, pois, perpetuando a espécie, condenam seres à infelicidade pelos séculos futuros. Nós pagamos o gozo ínfimo de nossos pais; somos o castigo encarnado pelo pecado de carne das gerações precedentes. É o que veremos em seguida, abordando o absurdo da Natureza e de nossos instintos.

Questões vitais

1) Você aceitaria um amor platônico, sem atividade sexual? Esse amor teria característica diferente de uma amizade? Qual é o lugar da atividade sexual no seu encontro com o outro? Você diria que ela é essencial ou supérflua?

2) Veja como, nos seus jogos amorosos presentes ou passados, você dedica tempo à exploração do corpo do outro, por carícias, por observações diretas: a forma de seus lábios, de seu nariz, a robustez de seus ombros, a espessura de suas coxas, o tamanho de seus pés etc. Esse jogo é muito diferente de um inventário das qualidades e dos defeitos do corpo do outro? A descoberta de uma anomalia poderia matar seu desejo?

3) Você já teve a experiência do eclipse do desejo no casal? Como ocorreu essa deserção? É possível que uma magia sensual tenha se dissipado, que a Natureza já não queira vocês como parceiros ou que ela tenha se enganado? Você tinha feito uma escolha racional com esse parceiro, "sacrificando" a parte física? Esse eclipse surgiu depois de uma primeira gravidez, como se a Natureza tivesse cumprido seu objetivo e já não precisasse destilar sua ilusão?

4) Examine o que ligou vocês dois. Por trás das razões espirituais ou sociais, você admitiria que uma alquimia corporal, pelo menos no começo, tenha sido o cimento do casal? A atração física não foi mais forte do que as expectativas espirituais em sua escolha?

5) Como casal, você tem a sensação de que um se assemelha ao outro ou, antes, de que vocês se completam? Suas diferenças dão ensejo a divergências, a brigas? Como você explica o que atrai um para o outro também seja o que os separa?

6) Você já experimentou, num encontro amoroso, um conflito entre suas aspirações espirituais e suas inclinações sensuais? Já sentiu atração física, por exemplo, por alguém que você acha um grosso, um arrogante insuportável / uma estúpida ruidosa, uma

cabecinha oca? Você sofreu com esse "divórcio" entre espírito e corpo?

7) Os casais infelizes à sua volta não são casais que, depois de terem tido filhos, viram-se desamparados com a ausência de harmonia entre seus caracteres? Não terão sido, como diz Schopenhauer, vítimas da artimanha da Natureza?

II

As chaves para compreender

Os desencadeamentos do querer-viver

A tirania da Vontade

O capítulo sobre o amor mostrou-nos nossa sujeição à Natureza. Nossa inteligência permite-nos chegar apenas à superfície dos elementos, apenas aos fenômenos, ao passo que outra coisa age aquém deles; portanto, do compreensível. Por enquanto chamamos essa coisa de Natureza, limitando-nos a fazer referência a nossa natureza biológica, primitiva, instintiva. Schopenhauer a chama de Vontade[9]. A Vontade, segundo o autor, é a "Coisa em si" desconhecida, incognoscível, mas cujas manifestações podemos ver por toda parte sob a forma do "querer-viver". O querer-viver é o esforço para existir, se perpetuar, crescer ou resistir que todo ser faz no mundo. Não é mais do que o fenômeno visível de uma Vontade que, por sua vez, permanece invisível, inapreensível. Todas as forças às quais estamos submetidos são as expressões unicamente desse querer-viver. Como ele age? É o que vamos tentar compreender.

Nós "queremos" permanentemente

Tudo no mundo é uma manifestação da Vontade, a começar pelo nosso corpo. O que torna a análise complicada é que habitualmente reduzimos a vontade à faculdade que o espírito tem de comandar o corpo, de lhe ordenar movimentos. Por exemplo, quero levantar o braço, meu braço se levanta (Por que você levantou o braço? Porque eu quis!). Por conseguinte, a vontade parece por parte do espírito e não do corpo. Segundo Schopenhauer,

---

9. Utilizamos nesta obra Vontade (com inicial maiúscula) quando se refere ao conceito usado por Schopenhauer, distinguindo-a da vontade em sentido comum. Esta última, aliás, não é senão uma manifestação da Vontade.

está errado. Nosso corpo inteiro é um produto, uma obra visível, material, dessa Vontade. Basta examinar a organização fisiológica do corpo humano para se dar conta: as partes genitais são uma encarnação do instinto sexual; os dentes, o esôfago e o canal intestinal são a encarnação da fome.

> Assim meu corpo não é senão minha vontade tornada visível (M.C.V.R. "L'objectivation de la Volonté" ["A objetivação da Vontade"], p. 149).

O corpo humano é, consequentemente, a manifestação da Vontade, pois:

- todo homem quer se reproduzir, e essa vontade de reprodução manifesta-se em suas partes genitais. Nesse momento, de fato, seu corpo está ovulando ou produzindo esperma tendo em vista a reprodução. Toda a sua atividade hormonal, se bem regulada, é expressão dessa vontade de reprodução;
- todo homem quer viver, e esse querer-viver se encarna num corpo que se esforça para viver, para combater a morte, para se conservar. Nesse momento, o seu sistema imunitário está lutando e organizando suas defesas contra vírus, micróbios;
- todo homem também quer crescer, é programado para crescer, se desenvolver. Nesse momento, seu corpo está reparando determinados tecidos, assimilando materiais (os alimentos) que ele reutiliza para a manutenção dos órgãos etc.

Seu corpo, portanto, está repleto de atividades eficazes, orientadas para objetivos determinados, dos quais você não tem consciência. Tudo isso é obra, em você, da Vontade. A Vontade, sobretudo, não é consciente, ela age na maior parte de maneira instintiva e inconsciente, por via das atividades de conservação, de crescimento e de reprodução. Estamos sempre "querendo", mesmo que não tenhamos consciência. Por isso toda ação exercida sobre o corpo produz ou prazer (quando o elemento exterior favorece a Vontade) ou desprazer e até mesmo dor (quando constitui um obstáculo). Um corpo, mesmo imóvel, em repouso, ainda é a Vontade em ação: a prova, essa imobilidade é ou prazerosa ou desprazerosa.

Portanto, nós "queremos" permanentemente, nem sempre conhecendo conscientemente o objeto de nossa Vontade.

O querer-viver está em toda parte!

O que outorgamos a nosso corpo, ou seja, ser uma manifestação material da Vontade, devemos agora outorgar a todos os corpos minerais, vegetais e animais. Também eles, vistos de fora, parecem apenas volumes espaciais dotados de movimentos externos ou internos, como nós, se fôssemos observados de um ponto de vista exterior. Também eles, se lhes pudéssemos atribuir uma consciência, teriam a mesma experiência imediata interior da Vontade atuando neles. Se os outros, um gato ou uma mosca, nos vissem no momento em que levantamos o braço, poderiam achar que o fazemos impelidos por um mecanismo físico. De fora, eles não perceberiam o que só nós podemos perceber de dentro, de maneira imediata: o efeito de nossa vontade. Raciocinando por analogia, devemos atribuir essa dupla abordagem – exterior e interior – a tudo o que nos cerca. Por conseguinte, devemos admitir que a planta ou a pedra, se fossem dotadas de consciência, também poderiam perceber de dentro sua vontade em ação. Não o fazer seria prova de puro egoísmo, ou seja, acreditar que nós, humanos, somos seres especiais e à parte na escala dos seres!

> [...] toda a questão da realidade do mundo exterior reduz-se ao seguinte: os objetos conhecidos apenas como representação, pelo indivíduo, são, assim como o próprio corpo dele, fenômenos da Vontade? Negá-lo é a resposta do *egoísmo teórico*, que considera todos os fenômenos, salvo seu próprio indivíduo, como fantasmas, tal como o egoísmo prático, que, em sua aplicação, só vê e trata como uma realidade sua pessoa, e todos os outros como fantasmas (p. 146).

Assim, a realidade inteira é constituída pelo querer-viver: toda coisa, seja viva ou não, orgânica ou inerte, esforça-se para persistir em seu ser, para se conservar, para perdurar, para reagir ao que padece e agir sobre o que a cerca. Você certamente pensa: "Mas como poderia uma pedra ser animada pelo querer-viver?" Em nossa representação mental, a pedra não faz mais do que ocupar um lugar, no espaço e no tempo, e é submetida às finalidades de nosso espírito (p. ex., aquela pedra está ali para levantar um muro). Mas para além desse nível de representação, a pedra é mais do que isso: ela encarna forças. Como nosso corpo é movido por suas próprias forças de conservação, de reparação e de crescimento, que nosso espírito não percebe, uma pedra é a expressão de forças físicas próprias da matéria (forças de ligação entre os átomos que a constituem, força de gravidade, resistência, impenetrabilidade, mineralização...) que nosso espírito não vê de imediato. Essas forças que a constituem são a expressão do querer-viver.

> A Vontade é a substância íntima, o núcleo de cada coisa particular assim como do conjunto; é ela que se manifesta na força natural cega (p. 152-153).

Encontra-se então o querer-viver em todas as forças naturais, essência íntima das coisas: na força que faz a planta crescer e vegetar, na que faz o mineral cristalizar, na que dirige a agulha imantada para o norte, na própria imantação, na polaridade do + e do -, que lembra as manifestações dos desejos humanos, nas forças que combinam os elementos entre si (a água de fórmula H_2O, p. ex., é a combinação de átomos de hidrogênio e de oxigênio) ou que os decompõem, e até na gravidade que atrai para a Terra a pedra que cai, e a terra para o Sol.

Enfim, é essa mesma força de vida cega que encontramos na conduta do homem.

Nossa conduta seria o joguete de um querer-viver?

Nossa vontade de trabalhar para comer se reduz à de comer, portanto à vontade de nosso organismo de assimilar matéria a fim de satisfazer a vontade de nos conservar, de sobreviver... o que nada mais é do que o instinto de sobrevivência que compartilhamos com os animais! Nossos projetos mais racionais, portanto, estão na realidade a serviço de uma Vontade mais obscura, orgânica e inconsciente. É a mesma Vontade que se exerce por toda parte com as mesmas características. O erro cometido pelos homens é ter distinguido uma *vontade*, que seria propriamente humana, e *forças*, que pertenceriam ao reino da física. Ora, essa vontade chamada "humana" não é fundamentalmente diferente das forças. Há diferenças de grau entre essas diferentes manifestações de um mesmo querer-viver, mas nunca diferenças de natureza.

A análise científica atual da "paixão fulminante" o confirma: feromônios estimulariam uma atração física entre dois indivíduos, desencadeando um sinal perceptível unicamente por seu cérebro e seu corpo, e não por sua consciência. Sentem-se então atraídos um pelo outro: é efeito da excitação produzida quimicamente. Mas os enamorados posteriormente representam sua atração como produzida por um motivo: o charme do outro. A consciência de motivos oculta então as verdadeiras causas que produziram a atração: a ação dos feromônios.

A Vontade pode, aliás, agir sem que haja representação mental: para a maioria das atividades animais, movidas pelo instinto, não é necessário representar-se o objetivo para fazer a ação (o pássaro constrói o ninho sem se representar os ovos que porá dentro dele). O animal quase sempre desenvolve uma atividade cega, um programa sem consciência, para existir e perpetuar a existência.

Da mesma maneira, a maior parte de nossa atividade é instintiva, pulsional, e só tomamos consciência, *a posteriori*, de uma parte ínfima dela.

O "servo-arbítrio"

Apesar disso, o homem pensa ser dotado de um livre-arbítrio. Tem essa ilusão porque não vê até que ponto seu intelecto é submetido à Vontade. No entanto, ele é seu fiel "servo", seu servidor, seu escravo. A Vontade define o objetivo a ser alcançado e o intelecto só registra depois da decisão tomada, que ele acredita ser sua. O fato de ele ter ou não ter um tempo de deliberação não altera nada. É por instinto que agimos, e esse instinto é justamente essa Vontade que ignoramos. Devemos admitir, portanto, que o livre--arbítrio não existe: há apenas "servo-arbítrio"!

> O intelecto aqui pode apenas uma coisa, esclarecer a natureza dos motivos de todos os lados e até nos recantos; quanto a determinar a Vontade em si mesma, isso o ultrapassa; a Vontade lhe é impenetrável, mais ainda, inacessível (M.C.V.R. "La volonté s'affirme, puis se nie", p. 370-371).

Em amor, por exemplo, acreditamos poder escolher o parceiro com quem fundaremos uma família. Assim, podemos hesitar, depois decidir. Esse tempo de hesitação seria sinal de que deliberamos, pois nos determinamos uma escolha, marca de nossa liberdade. Mas o parceiro complementar só pode ser desejado pela Natureza. A "deliberação", na realidade, era um esforço de iluminação de nosso intelecto para representar-se essa Vontade, cujos objetivos lhe escapam. Nossa reflexão pode ajudar unicamente esse esforço de iluminação; ela não permite, em absoluto, uma tomada de decisão. Esta já está em ação quando ainda procuramos saber que direção tomar. Por conseguinte, não são as razões pensadas, representadas, que acarretam a decisão do casamento, mas é a decisão do casamento que impele nosso intelecto a fornecer retrospectivamente razões que a justifiquem. Estamos exatamente na situação de um cavaleiro que, não controlando de modo algum a trajetória de seu cavalo e tendo vaga ideia do lugar para o qual sua montaria parecesse resolvida a levá-lo, dissesse cheio de boa vontade: "Bom, parece que estamos indo rumo à floresta de pinheiros. Tudo bem, vamos lá, vamos ver os pinheiros!"

A razão tem apenas um papel de espelho, que nos permite tomar consciência do que fazemos, do que queremos e do que já somos e o representarmos para nós. Sendo o objetivo já fixado por outra que não ela, a razão pode no máximo escolher os melhores meios para atingi-lo. Um gato, por exemplo, continua a arranhar o chão liso fora de sua cama, mesmo que não haja areia para cobrir seus excrementos. Ele é movido pelo instinto cego e não tem consciência do que faz, da total inanidade de sua ação. Graças a seu espírito, o homem pode se representar seu objetivo e se dar os meios eficazes para alcançá-lo. Mas, entre o instinto e a vontade humana, não há diferença nenhuma, tornando-se a vontade nada mais do que um instinto consciente de si mesmo.

Portanto, perdemos muito tempo em deliberações inúteis, que nos dão a ilusão de podermos fazer uma escolha, de exercermos nosso livre-arbítrio. Mas esse jogo do espírito não passa de uma dissimulação, que acaba assim que a ação pode se desenrolar sob impulso unicamente da Vontade.

Movidos por pulsões cegas

Na natureza, a regularidade dos fenômenos é tal que dela o homem faz leis. Por que não percebemos essa regularidade nas condutas humanas e dela não depreendemos leis naturais?

Entre os homens, os indivíduos são mais marcados do que nas espécies animais, e mais ainda do que entre os vegetais. Essa distinção entre os indivíduos permite supor uma multiplicidade de comportamentos possíveis e nos dá a ilusão de que fazemos escolhas entre esses diferentes comportamentos, ilusão de liberdade. Mas é a mesma força ou *impulso* que se exprime no egoísmo de um homem e no galvanismo[10], em sua cólera e no magnetismo. Enquanto essa força se manifesta de maneira regular sejam quais forem os objetos presentes, no homem o impulso se individualizou (fala-se em *vontade individualizada*, que certamente é ainda uma manifestação da Vontade): um indivíduo será essencialmente movido pela cólera, outro pelo egoísmo.

Segundo Schopenhauer, os traços do caráter podem então ser concebidos como impulsos necessários que se exprimem sob qualquer pretexto: a avidez de um indivíduo pode manifestar-se em sua avareza ou em sua "bulimia" de horas suplementares. Igualmente, o narcisismo de uma pessoa pode impeli-la a com-

---

10. Ação da corrente contínua sobre os órgãos vivos.

portamentos contrários: não precisar de ninguém ou, ao contrário, buscar a companhia de outra pessoa para mirar-se em seus olhos. Nossa conduta é determinada por nosso caráter.

As circunstâncias nos dão motivos, então, para dar livre curso à nossa natureza caracterial, que só espera essa oportunidade para se manifestar. Por exemplo, nós nos enraivecemos porque fulano é irritante. O motivo de nossa raiva é que sua maneira de falar nos irrita. Mas não será porque já estamos enraivecidos, ou porque desejamos ficar com raiva, que tomamos sua maneira de falar como pretexto para deixar nossa raiva explodir? De onde vem essa raiva? Pensamos que ela deve ter algum motivo. Errado: a raiva está ali, em nós, só esperando uma oportunidade para se manifestar: uma correção injusta, uma palavra atravessada... Do mesmo modo, a força de gravidade está sempre presente, mas só se manifesta quando um corpo está em desequilíbrio suficiente para cair.

> A vontade, de que todo o ser e toda a vida do homem não são mais que uma manifestação, não pode se desdizer em um caso particular; e o que o homem quer definitivamente ele também quererá em cada caso particular (p. 371).

O motivo é a oportunidade para que determinada vontade individualizada se manifeste. Como os motivos variam, pode-se achar que a vontade seja diversa. Mas não é nada disso, é sempre a mesma expressão de si que se exprime, por exemplo um caráter colérico, seja na indignação, nas reprimendas, nas recriminações...

Despidas de seu motivo ocasional, nossas vontades individualizadas aparecem tais como são: puros impulsos ou pulsões cegas, sem verdadeiro objeto nem projeto.

> A ausência de qualquer objetivo e de qualquer limite é, de fato, essencial à Vontade em si, que é um esforço sem fim (p. 215).

O impossível progresso

A Vontade não aprende nada, não progride nem regride com o correr do tempo. Ela é como é eternamente. Só variam as ocasiões em que ela se manifesta.

É inútil dizer: "Antes, eu teria reagido assim nesta situação, mas hoje sou melhor, compreendi, mudei..." Nós não progredimos, só as circunstâncias mudam. O que isso quer dizer? Uma mulher, por exemplo, pode achar que finalmente venceu seu ciúme doentio porque deixou de ter crises com o novo namorado. Mas seu ciúme já não se manifesta só porque esse homem não lhe dá ensejo para ciúme. Se porventura, no futuro, as mesmas circunstâncias ressurgissem, o ciúme apareceria imediatamente, perfeitamente intacto.

> Tanto que, desde o nascimento, a conduta de cada um é fixada e permanece, essencialmente, idêntica até o fim (p. 373).

A Vontade está sempre ali, presente, só esperando uma oportunidade para se manifestar. Segundo Schopenhauer, as forças da Natureza agem uma vez que se reúnem as condições suficientes. Assim, grãos de trigo foram encontrados depois de trinta séculos numa sepultura de Tebas, num lugar hermeticamente fechado. Doze deles, ao serem plantados, cresceram perfeitamente, como se nada os tivesse alterado. A força de vida parecia então estar esperando eternamente, dentro dessas sementes, até que as condições fossem favoráveis à sua manifestação. A manifestação (neste caso a planta) está sujeita ao tempo, mas não seu princípio de vida. O mesmo acontece com o cacto que produzia folhas há milhares de anos, e que agora produz espinhos. Se fosse devolvido a um contexto úmido, voltaria imediatamente a produzir folhas.

Essa eternidade do querer-viver mostra, no fundo, a inanidade de nossos esforços para sermos diferentes do que somos e a vanidade de nossa crença em nosso progresso, nosso crescimento ou nossa alteração.

Os desígnios da Natureza são impenetráveis

Nesse ponto da análise, gostaríamos de saber o que essa Vontade "quer" para nós. Podemos abandonar-nos a ela cegamente? Vamos começar por observar um paradoxo. A reprodução parece ser o objetivo perseguido, à nossa revelia, pela Vontade, de acordo com o plano secreto que ela tem, sob a máscara atraente do amor. Poderíamos imaginar que o vivo é a grande questão da Natureza, sua preocupação principal. O aprimoramento da espécie, pela reunião sutil dos genes, visaria assim um progresso do vivo, uma busca de perfeição. Mas é fazer-se ludibriar pela ilusão de uma Natureza boa e bem ordenada, que trabalharia à nossa revelia para nosso bem. Pois o que a Natureza faz de todos esses seres vivos (humanos, animais, vegetais...) que ela produz? Ela os imola à força! A produção de massa caminha junto com uma imensa destruição cotidiana: desaparecimento das espécies, "desperdício" dos recém-nascidos, devoração das presas pelos predadores etc. O menor acidente, como um pé no meio do caminho, é fatal para muitos seres vivos que tiveram o azar de estar no lugar errado no momento errado. Nossos matadouros são um lugar entre tantos outros de dilapidação do vivo.

Quanto ao progresso, sabemos que não há. As espécies são adaptadas a seu meio, e um meio degradado pode favorecer uma fisiologia rudimentar, menos sofisticada. A Natureza, portanto, certamente não trabalha para um aprimoramento da vida. Esse é o paradoxo ardiloso no qual nos encontramos: por um lado impelidos expressamente para a reprodução, por outro nos damos conta de que esta não tem nenhum interesse e não serve a nenhum dos grandes objetivos que habitualmente atribuímos à Natureza. Devemos então concluir que há nisso alguma coisa estranha, até mesmo completamente absurda. De fato, essa Vontade à qual estamos submetidos é cega, sem objetivo, louca: portanto, não podemos confiar nela. O homem pena para dar um sentido, uma orientação mais ou menos legítima no plano intelectual aos instintos que o movem, mas no fundo suas construções mentais logo esbarram em grandes contradições e desmoronam como castelos de cartas.

A ordem da Natureza parece contraditória, portanto irracional. Isso nos será confirmado a seguir.

Quando o arrependimento estraga nosso prazer

Os indivíduos podem esperar se desenvolver na satisfação de seus instintos? Sabendo que a Natureza os impele à reprodução, será que eles devem se entregar sem trégua à fornicação que, pelo menos, poderá lhes dar satisfação? Tudo indica que isso poderia ser uma boa introdução na existência:

> A Vontade encontra seu foco, isto é, seu centro e sua mais elevada expressão, no instinto sexual e sua satisfação; é portanto um fato bem característico e do qual a natureza se dá conta ingenuamente em sua linguagem simbólica o de que a vontade individualizada, ou seja, o de que o homem e o animal só podem entrar no mundo pela porta das partes sexuais (M.C.V.R. "De l'affirmation de la volonté de vivre", p. 1.332).

De fato, entramos no mundo pelas partes sexuais da mulher: equivale a dizer de maneira simbólica e direta a importância que os aparelhos reprodutores têm para a Natureza.

Entretanto, ao passo que poderíamos ter desenvolvido uma visão orgástica da atividade humana, ou pelo menos encontrar na existência uma finalidade prazerosa, somos imediatamente contrariados pelo arrependimento! De fato, todos os indivíduos sentem uma vergonha íntima em relação à sexualidade, e o ato sexual produz arrependimento. Montaigne já proclamava em seus *Ensaios* nesta observação marginal:

> O que é o amor: "a execução desse ato é imediatamente seguida por um pesar e um arrependimento muito particulares, perceptíveis sobretudo na primeira vez que nos entregamos a ele, e tanto mais pronunciados, em geral, quanto mais nobre é o caráter[11]".

O próprio pagão Plínio nos diz:

> O homem só se arrepende no primeiro coito; assim o presságio da vida é originalmente um arrependimento[12].

---

11. Livro III, cap. V.

12. *História natural X.*

Esse pensamento, aliás, havia inspirado um filme muito bonito de Brigitte Roüan, em 1996, cujo título sugestivo era *Post coïtum, animal triste*.

A Natureza, portanto, envenena o único prazer que ela nos oferece incontestavelmente e nos condena ao arrependimento, a uma culpa secreta e a uma vaga vergonha. Até nossos instintos parecem incapazes de nos proporcionar qualquer satisfação. Vivemos essa contradição na nossa carne – somos esse querer-viver antagonista –, o que explica por que viver não é um longo rio tranquilo. Portanto, Natureza parece, de fato, inconsequente, como se ela nos incitasse a nos fazer uma indagação fundamental: as penas e as misérias de nossas vidas e nossos esforços são compensados pelos ganhos que extraímos dela? Em suma, vale a pena o trabalho?

Questões vitais

1) A satisfação de seus instintos (sexuais, alimentares...) lhe trouxe compensação duradoura e profunda? Ou, ao contrário, o prazer obtido foi passageiro e /ou estragado pelo arrependimento? Por que você acha que todas as suas pulsões afinal não são capazes de conduzi-lo à felicidade? O que isso mostra sobre a natureza impulsiva?

2) Você sempre vê a diferença entre um motivo (a causa real) e um pretexto (a razão invocada para esconder a verdadeira causa)? Quando está zangado com alguém, você não procura um pretexto para lhe manifestar essa irritação? O pretexto é, então, apenas a oportunidade para mostrar sua hostilidade, mesmo que você apresente as coisas como se esse pretexto e só ele fosse a causa de sua irritação. Não é isso que acontece com todas as suas manifestações de mau humor? Examine a última vez que teve raiva de alguém. As razões dessa raiva eram de fato motivo para brigar ou você sentia que alguma coisa da ordem da irritabilidade ou da zanga tinha que sair e escolheu aquela oportunidade para se expressar?

3) Você seria capaz de enxergar as diferentes atividades de sua vida sob a luz da linguagem das forças (transporte de seiva como sobressalto de vontade, gravidade como queda de energia, instinto como atividades ligadas às necessidades, imantação como atração por alguém ou alguma coisa, cristalização como equilíbrio finalmente encontrado numa relação complexa etc.)? Você percebe que tudo o que lhe acontece não é mais do que uma sucessão de oportunidades para que forças cegas se exerçam?

4) Você enxerga em si comportamentos diversos que teriam a mesma origem, cujo motor seria o mesmo traço de caráter? Ao contrário, você percebe que um de seus traços de caráter pode se expressar em diversas ocasiões?

5) Muitas vezes dizemos: "Eu progredi, já não cometo os mesmos erros que antes..." Mas você conseguiu se libertar de certos defeitos, por força de seu trabalho interior? Já melhorou um aspecto de sua personalidade? Não será por que, como a situação mudou, você não teve mais ensejo para exercer sua incorreção, a ponto de achar que ela desapareceu? Um defeito que sumiu assim não terá reaparecido de repente, justamente numa situação em que ele poderia voltar a se manifestar, em que as mesmas condições se reuniram de novo, como nos velhos tempos?

A inteligência subjugada

É possível querer mudar? Vimos que o intelecto nada pode ordenar à Vontade, que ele é seu servo. Não temos nenhum livre--arbítrio, nenhuma capacidade de escolher nossas ações. Tendo ilusão de uma certa independência, o que não deixar de criar dificuldades, nosso espírito é subjugado aos movimentos da Vontade. Somos, portanto, joguetes de forças irracionais, que nos arrastam de um erro para outro, de Caribdes para Cila, e fazem de nossa biografia uma inevitável patografia. Perdemo-nos nas aparências, e a ordem que contemplamos é construída por nosso espírito. Por baixo dessa verdadeira combinação ocorre o enfrentamento de forças às quais estamos inteiramente submetidos.

Um caráter invariável

O caráter de um homem é o conjunto de suas características morais, que o distinguem de um outro e que se exprimem em cada uma de suas ações. O caráter é determinado pelo querer-viver, como a essência do indivíduo. Não temos nenhuma liberdade a seu respeito. Façamos o que for, não deixamos de manifestar, na diversidade de nossos atos, esse mesmo e inalterável caráter, exatamente como um carvalho exprime em cada uma de suas manifestações (folhas, flores, casca, fruto) seu caráter de carvalho, que o distingue de um plátano ou de um castanheiro.

> Uma árvore não é, ela inteira, mais do que a manifestação sempre repetida de um único e mesmo esforço, cuja primeira e mais simples forma visível é a fibra; esta, em seguida, associando-se a suas semelhantes, dá a folha, o pecíolo, o ramo, o tronco, e em cada um de seus produtos é fácil reconhecer o mesmo esforço; pois bem, os atos de um homem, igualmen-

te, não são mais do que a tradução repetida, variada apenas quanto à forma, de seu caráter inteligível, e é pela observação do conjunto de seus atos, seguida de indução, que se consegue determinar seu caráter empírico (M.C.V.R. "La volonté s'affirme, puis se nie", p. 368).

Se pela observação das ações de um homem fizéssemos o esforço de induzir seu caráter, teríamos a possibilidade de prever toda a sua conduta futura, pois o indivíduo é invariável. Uma única má ação é assim a garantia de várias outras futuras.

Robert de Niro, em *A missão*, de Joffé (1986), faz o papel de Rodrigo Mendoza, personagem que coloca o sentimento de amor acima do respeito pela vida. Seu caráter parece impeli-lo a matar por amor. No início do filme, esse mercenário escravagista mata o irmão por ciúme amoroso. Seu arrependimento quase o leva ao suicídio – o que seria no fundo uma maneira de se matar por amor ao irmão –, mas o encontro com um jesuíta o salva. Este o conduz para dentro da comunidade dos guaranis, que ele aprende a amar, o que o leva a se converter à ordem dos jesuítas e a fazer voto de obediência. Tudo indica que estamos assistindo a uma redenção, a uma verdadeira conversão no sentido literal da palavra: voltar-se para algo diferente de você. Só que, no momento em que as missões devem ser transferidas para as mãos dos portugueses, que as destruirão, Rodrigo decide, contra seu voto de obediência, pegar em armas e matar portugueses, por amor aos guaranis. No fundo, sua "conversão" não mudou nada. Sua fé e seus votos clericais deveriam tê-lo incitado a escolher o caminho de um amor pacifista, sem derramamento de sangue, mas é seu caráter que volta a se manifestar aqui. Por mais que a causa pareça mais justa, mais heroica, o caráter é idêntico.

As oportunidades de expressar seu caráter mudam, mas o próprio caráter não evolui e só espera da realidade novos estímulos para se manifestar. O que domina é nossa natureza profunda, inconsciente, não temos nenhuma liberdade. Sempre sabemos disso intuitivamente, pelo menos para os outros, uma vez que já não confiamos em alguém que nos traiu uma vez. Em contrapartida, não hesitamos em fazer confidências a quem por uma única vez se mostrou leal a nós no passado.

Então, por que temos a impressão de que indivíduos mudam? De que nós mesmos progredimos em um aspecto ou outro se nossa essência é invariável? Afinal, não aprendemos com a experiência?

Para que houvesse aprendizado, seria preciso que o intelecto iluminasse, guiasse a Vontade para o objetivo que ele propõe. Mas isso não acontece. O objetivo é determinado pela Vontade. O intelecto só tem margem de manobra sobre os meios utilizados para alcançar esse objetivo, só pode corrigi-los.

Tomemos o exemplo de um homem que parece ter mudado: de mesquinho que ele era, tornou-se generoso. Na realidade, a pulsão não mudou: o egoísmo continua caracterizando esse indivíduo, só que os meios de realizar esse egoísmo evoluíram. Se esse homem está convencido de que fazer o bem na terra confere uma letra de câmbio para o paraíso, onde a remuneração é centuplicada, ele será generoso por egoísmo. Trata-se do mesmo egoísmo que se manifestava por diversos outros motivos, quando ele se mostrava mesquinho porque achava que a dádiva o levaria à ruína. Seu egoísmo não muda, em compensação o motivo varia, graças ao enfoque do intelecto.

Por conseguinte, se evoluímos ao longo de toda a vida, é da inocência para a maldade! Pois, quanto mais temos consciência de nós mesmos, menos fingimos nos esconder e menos fazemos esforço para parecer diferentes: o resultado não é agradável...

> Só com o tempo aprendemos a nos conhecer, a ver quanto diferimos do que pensávamos ser; e a descoberta com frequência tem razões para nos horrorizar (p. 376).

A experiência não nos ensina nada, ela só pode nos elucidar sobre nosso verdadeiro caráter, que conservamos do começo ao fim da vida.

Não há arrependimentos morais que tenham utilidade

O fato de podermos sentir arrependimentos não mostra que mudamos, já que gostaríamos de ter tido outra vontade no passado? Em outras palavras, o arrependimento não é a tomada de consciência de que nossa vontade passada não era certa e de que, portanto, hoje nossa vontade mudou?

Para Schopenhauer, o que está na origem do arrependimento não é uma mudança no nível da vontade, mas uma mudança no nível do pensamento. Não nos arrependemos do que quisemos, mas do que fizemos efetivamente, e que não foi a expressão suficiente da nossa vontade, pois tínhamos sido induzidos em erro por ideias falsas. Nós o percebemos, nosso julgamento se corrige e nasce o arrependimento. Este é causado, portanto, por nossa inabilidade ou nossa inexperiência: lamentamos não ter sabido fazer o certo. Nós nos arrependemos, por exemplo, de na nossa juventude não termos levado a cabo os estudos, uma formação, uma aventura amorosa ou um propósito. Na época faltou-nos vontade? Não, mas estávamos ofuscados pelas ideias que tínhamos então do que era prioritário para nós, da maneira pela qual "era preciso" viver, do tempo que tínhamos... Percebemos *a posteriori* que nos perdemos em razão de nossa inexperiência, da influência do nosso entorno. O arrependimento nos faz suspirar um "ah, se eu soubesse!", o que bem mostra que ele se refere mais ao "saber" do que ao "querer".

O arrependimento também pode ser de ordem moral. Podemos, por exemplo, ter posto em nossa conduta mais egoísmo do que nosso caráter comporta, ter nos enganado exagerando nossas próprias necessidades, ou superestimando a astúcia, a falsidade ou a maldade dos outros. Sem dúvida já lhe aconteceu arrepender-se por ter sido, numa altercação com alguém, quase grosseiro, até mesmo abjeto. Mas você se arrepende do que quis naquele momento, ou seja, no fundo marcar sua hostilidade, sua desavença com aquela pessoa? É muito provável que não seja disso que você se arrepende; você o faria de novo se alguém merecesse esse tipo de "chamada à ordem". Não, você se arrepende é da sua maneira de agir, de se ter mostrado tão vil, tão infantil. Isso não é do seu feitio, não lhe corresponde. Você deveria ter dado mostra de maior grandeza de alma, ter sido mais frio, até mesmo ter esboçado um sorriso divertido, o que afinal não teria sido menos hostil. É isso que Schopenhauer quer dizer quando afirma que nos arrependemos de ter discrepado de nossa natureza, de nosso caráter.

Também podemos sentir arrependimento moral quando, por exemplo, precipitamo-nos e agimos sem refletir, levados por motivos de que não nos demos conta *in abstracto*. A impressão do momento e a paixão que ela despertou em nós podem ter sido tão fortes a ponto de nos privar do uso da razão. Também aqui, o que lamentamos não é nossa vontade de então, mas nossa percepção incorreta da situação. Certamente já lhe aconteceu de agir sem ter consideração por alguém porque você julgou precipitadamente que a pessoa parecia indiferente à situação. Ora, mas não era o caso, e você não tinha enxergado, sentido, compreendido, e depois se arrependeu amargamente. Portanto, foi uma falha de análise que fez você cometer um erro, e o retorno da reflexão nada mais é do que uma "retificação" de seus princípios. O arrependimento, por sua vez, pode surgir disso, impelindo você a reparar o que foi feito, na medida do possível.

Por conseguinte, nunca devemos duvidar de nossa vontade. Pelo contrário, para mais tarde não nos enchermos de arrependimentos, devemos manifestá-la da melhor maneira possível.

> O que alguma vez eu quis devo querer ainda; pois sou esse mesmo querer, que está fora do tempo e da mudança (p. 376).

No fundo, o arrependimento é por não ter sido suficientemente si mesmo!

Mas há uma outra forma de arrependimento, igualmente comum, embora mais inconfessável: o arrependimento por não ter sido suficientemente egoísta. Neste caso, por excesso de confiança nos outros, por ignorância do valor relativo dos bens deste mundo ou por efeito de algum dogma abstrato em que desde então deixamos de acreditar, podemos ter agido contrariando nosso egoísmo natural. É então que surge o remorso.

O fato de o arrependimento neste caso ser de tipo completamente diferente confirma a tese de um arrependimento no fundo ligado apenas a um afastamento de nossa vontade profunda, ou de nosso caráter. Isso implica nosso dever de ser nosso caráter. Não viver assim seria expor-se a um arrependimento contínuo, até a uma culpa mortífera inútil.

Se a Vontade pudesse exprimir-se de maneira pura, não sentiríamos arrependimento. Mas os motivos do intelecto parecem impedir essa manifestação pura. A injunção social de ser generoso, por exemplo, a ideia que temos de que deveríamos sê-lo, pode impedir nosso puro egoísmo, nossa natureza profunda, e condenar-nos ao remorso por não podermos ser plenamente o que somos.

Despendemos energia demais enganando a nós mesmos! Temos a intuição de que nossa vontade profunda não é brilhante, então imaginamos em pensamento motivos mais nobres, mais bonitos, mais amáveis, que só têm como resultado afastar-nos do que de fato queremos. Esses motivos nos entregam à dor pungente do remorso.

> Pois nunca colocamos tanta arte em mentir e adular como quando se trata de enganar a nós mesmos (p. 376).

Inventamos para nós, por exemplo, urgências que na verdade escondem ações premeditadas, e nos perdemos em falsas narrativas a respeito de nós mesmos. Colocamos por conta do acidental, do estresse, do cansaço o que de fato é um projeto: a concepção de um filho, por exemplo, por ocasião do que não deveria ser mais do que um namorico, um flerte com a pessoa "errada" por ocasião de um excesso de bebida, verdades ditas finalmente por ocasião de uma briga etc. Falseamos as pistas por não podermos confessar nossas vontades profundas e executá-las friamente. Na verdade, contemporizamos com as expectativas dos outros, os julgamentos da sociedade. Assim, quanto mais um indivíduo se dá o trabalho de nos explicar como ele é, o que sente e por que agiu assim, mais podemos concluir que está dizendo uma enorme mentira destinada a si mesmo. Certamente está contando com nossa aprovação para acreditar no relato dele.

Nosso passado não é mais do que a manifestação da nossa vontade. Por que nos arrepender?! Para conhecer pelo menos um pouco de harmonia em relação a nós mesmos, devemos encontrar sob a barafunda dos falsos motivos o impulso da nossa vontade. Infelizmente, ser apenas si mesmo não é tão simples...

Um estranho e doloroso divórcio

A razão deveria aparecer como um progresso, sinal de nossa superioridade no reino animal. Neste, a Vontade se manifesta como instinto, mas no homem um grau superior é alcançado. Para sua sobrevivência, o homem teve de representar-se os tipos de alimentos de que precisava e os tipos de perigos que devia evitar. Essa necessidade de representar-se as coisas traduziu-se duplamente: sob a forma mecânica de um órgão que serve para esse projeto (o cérebro com sua complexidade) e sob a forma da consciência. Tivemos consciência dos motivos pelos quais agíamos. Esses motivos deveriam, aliás, ser o reflexo no espírito do impulso cego que é o instinto.

Mas eis que a razão, desligada do corpo, põe-se a oferecer falsos motivos. São todas as nobres razões que invocamos para justificar ações que muitas vezes são movidas unicamente por nosso egoísmo. Esses motivos são amplamente inspirados pela moral do ambiente, pelas normas sociais, pela religião e por todas as suas superstições: é mais uma vez o exemplo do avarento que dá esmolas esperando que um dia sejam devolvidas centuplicadas! A razão parece ter-se deixado impregnar de falsas injunções – "seja assim", "seja assado", "não faça isso", "não faça aquilo" – que ela nos impõe e que não correspondem a nosso caráter.

A razão, portanto, não esclarece o homem. Ao contrário, constantemente ela prejudica desastradamente o desígnio para o qual foi criada. Por si só, o impulso instintivo seria mais eficaz (à luz da razão, ele é entravado). Você já notou que, às vezes, quanto mais você reflete, quanto mais delibera sobre uma escolha a ser feita, mais você fica confuso, perdido, incapaz de tomar uma decisão? No final, geralmente é preciso descartar todas as considerações acumuladas para recorrer a um impulso irracional e finalmente agir. Quanto tempo perdido perguntando-se sobre a escolha certa, para não chegar a conclusão nenhuma sobre os motivos que finalmente o fizeram agir! Novamente é espantoso que o que deveria aparecer como um progresso notável – a Razão supostamente não deveria nos trazer as Luzes? – seja, na verdade, um fator de interferência, de engano e de dor!

Mais uma vez, a Vontade aparece em sua irracionalidade aberrante. Ela simplesmente revela sua natureza profunda, incoerente, ilógica, devoradora de si mesma, absurda... Schopenhauer faz uma analogia com a formiga-bulldog da Austrália que, cortada em dois, vê suas duas partes lutando, a cabeça tentando morder a cauda, que se defende bravamente com seu ferrão: nós também nos dividimos assim e sofremos intensamente as consequências dessa luta. Estamos sempre numa relação confusa com nós mesmos: procuramos corresponder a um ideal que não nos corresponde, o que somos realmente nos horroriza, e não podemos deixar de sê-lo! Não consentir em ser o que somos nos condena a uma dor lancinante, incurável, destruidora de tão ácida: o arrependimento. A vida do homem é "um estranho e doloroso divórcio[13]", dizia Aragon.

---

13. "Il n'y a pas d'amour heureux". In: *La Diane française*.

Questões vitais

1) Você não tem acessos de lucidez fulgurante durante os quais vê claramente sua vontade mostrar-se de maneira absolutamente implacável? Nem sempre temos consciência nítida do que queremos. Essa falta de lucidez é apenas uma incapacidade de nossa consciência para tornar claras nossas motivações, às vezes provém de nossa maneira de baralhar a relação que temos com nós mesmos. Você sente às vezes que, apesar de dizer a si mesmo "vamos ver quando chegar a hora", de fato você age de acordo com um plano predeterminado, mesmo que de maneira pouco consciente, por sua vontade?

2) Você passa tempo deliberando, procurando razões para agir de certa maneira: a que conviria, que parece ficar bem, e não necessariamente a que se parece com você? Por seu discurso você tenta corresponder a um modelo que considera justo defender, que lhe parece mais bem aceito pelos outros do que o que você é realmente? Esses discursos, essas manipulações de pensamentos contribuem para torná-lo efetivamente melhor, ou apenas obscurecem e confundem sua relação consigo mesmo?

3) Quando você hesita entre dois partidos a serem tomados, quando ao longo da deliberação as razões de cada lado lhe aparecem como igualmente válidas, o único meio de resolver não é buscar o primeiro impulso que você teve, antes de qualquer deliberação? O simples fato de consentir em seguir esse impulso, por menos que você volte a ele, não o enche de segurança, ao contrário das afirmações da razão?

4) Você notou nos outros como seus discursos sobre si mesmos às vezes são totalmente incompatíveis com suas ações ou com o que você, por outro lado, percebe deles? Você confia no discurso dos outros sobre si mesmos ou prefere julgá-los a partir de seus atos? Por que as ações de uma pessoa podem parecer mais de acordo com o caráter dela do que seu discurso? Você admitiria que com você também acontece isso?

5) Você consegue lembrar-se de arrependimentos importantes que tem a respeito de seu passado (abandono de uma área de estudos, ruptura amorosa ou de uma amizade, oportunidade não aproveitada, tempo perdido...)? Examinando melhor, o que você lamenta exatamente: a vontade que tinha na época, que não é a mesma de agora, ou o fato de não ter seguido suficientemente sua vontade de então e de não a ter realizado? Se está de acordo com Schopenhauer (segunda hipótese), você também compreende que, afinal, a única maneira de evitar futuros arrependimentos é incorporar completamente sua vontade, não deixar que falsas ideias a entravem?

Um combate generalizado

Vimos que éramos subjugados pelas forças da Natureza. Ora, essas forças estão em luta perpétua: as polaridades em química, os + e os -, as forças de atração e de repulsão... Mesmo no nível do átomo, o equilíbrio entre as partículas negativas e positivas é frágil. Schopenhauer vê aí a origem do pensamento indiano do *yin* e do *yang*. Um edifício só para em pé porque a força da gravidade e a resistência oposta dos materiais se equilibram: se uma das forças vem a variar, o equilíbrio da estrutura inteira se perde.

Em nossa carne, no mais profundo de nós mesmos, somos atravessados e dilacerados por esses antagonismos.

Uma luta permanente

Na Natureza reina uma luta permanente entre os indivíduos de uma mesma espécie, acompanhada de confrontos entre espécies. Esse combate aparece em todos os níveis:

> Assim, por toda parte na natureza, vemos luta, combate e alternativa de vitória, e assim conseguimos compreender mais claramente o divórcio essencial da Vontade com ela mesma (M.C.V.R. "L'objectivation de la Volonté", p. 195).

Mesmo no mundo mineral, as forças se opõem umas às outras. A força da gravidade que um objeto exerce sobre uma mesa opõe-se à força de resistência da mesa: se esta última não resistisse, ela desabaria sob o peso do objeto. A imobilidade que vemos ao nosso redor, portanto, é apenas aparente, é o resultado do equilíbrio encontrado entre forças antagônicas.

Igualmente no reino vegetal, as plantas se entregam a uma terrível concorrência para sobreviver: imagine-se, por exemplo, o mata-pau, árvore sul-americana, que, de início não maior do que um fícus, sobe por outra árvore, a aperta, e acaba por a estrangular para subir a seu topo e tirar-lhe seu quinhão de sol, alimentando-se da putrefação de sua vítima.

Essa luta e essa contradição são ainda mais visíveis no reino animal: servindo-lhe de presa e de alimento, todo animal pode a qualquer momento abandonar sua matéria para outro, que o utilizará para existir e se manifestar. Como cada criatura viva só pode manter sua vida à custa de outra, o querer-viver se refaz constantemente de sua própria substância, sob as diversas formas que reveste, e constitui seu próprio alimento.

No homem, assistimos a um espetáculo similar...

Uma inclinação natural para a agressividade e para a dominação

Essas lutas pela existência, tão visíveis no mundo animal, encontram-se também entre os homens: "*homo homini lupus*[14]". Elas não foram, infelizmente, superadas pela razão ou pela linguagem, que sublimariam nossa violência latente.

A violência decerto é dissimulada, mas continua presente na linguagem. Essa análise vai ao encontro daquela da biologia atual: Henri Laborit, por exemplo, cujas teses são ilustradas no filme *Mon oncle d'Amérique**, de Alain Resnais, mostra que nosso cérebro é concebido para buscar domínio sobre o outro, a fim de manter este último para nos satisfazer ou de deixá-lo sem condições de nos prejudicar. Essas pulsões do cérebro reptiliano (dominar, sobreviver, reproduzir-se) não são manifestas como nos animais, mas camufladas sob o caráter civilizado da linguagem, conforme as exigências da sociedade em que vivemos. Esse caráter ci-

---

14. "O homem é um lobo para o homem" [Frase do dramaturgo romano Plauto (230 a.C.-180 a.C.), retomada por Thomas Hobbes (1588-1679) em sua obra *Leviatã* (N.T.)].

* Filme de 1980, que no Brasil recebeu o título de *Meu tio da América* [N.T.].

vilizado pelo qual nos tornamos agradáveis uns aos outros – ou pelo menos um pouco suportáveis – sempre esconde uma dose de agressividade inerente à constituição de nosso cérebro. Por exemplo, quando contamos nossas férias a um amigo, dizer-lhe "você deveria ir a esse lugar, garanto que é uma experiência magnífica" é uma oportunidade para lembrá-lo de que não viveu alguma coisa que nos vangloriamos de ter conhecido, portanto para marcar uma rivalidade latente.

Daí a profunda ambivalência dos discursos e da relação humana, ilustrada por Schopenhauer pela imagem dos ouriços: estes se agrupam para se oferecerem um pouco de calor, mas, assim que se encostam uns aos outros, ferem-se com seus espinhos e precisam se separar.

Numa relação humana, em dado momento pensamos atingir um certo estado de equilíbrio, que chamamos de confiança mútua. Mas na verdade atingimos um equilíbrio na relação de força: o outro nos é tão útil quanto somos para ele, e podemos prejudicá-lo tanto quanto ele pode nos prejudicar. A estabilidade da relação, sua paz, não é mais do que um equilíbrio finalmente encontrado entre duas forças iguais.

Na corda-bamba

É de deplorar que tudo sejam lutas incessantes? Não, o conflito é necessário, pois de sua superação nasce uma ideia melhor; toda melhoria, toda ideia mais elevada só pode ser alcançada pelo conflito. Um conflito social, por exemplo, permite a emergência de um progresso social: o reconhecimento de direitos para uma minoria, a concessão de meios suplementares etc. Também, como você decerto já observou, uma briga, na maioria dos casos, dá seus frutos. Permite uma tomada de consciência, geralmente seguida por uma melhoria. Um debate acirrado faz nascer novas ideias, mais profundas, mais sutis do que as lançadas com negligência numa conversa tranquila. Um duelo esportivo entre adversários aguerridos faz nascer inventividade e talento, que não teriam surgido sem a aspereza do combate. Por conseguinte, a luta favorece o progresso, o aprimoramento, o crescimento.

No entanto, o progresso obtido continua sendo precário, pois nada garante que não haverá regressão. Tudo acontece como se a realização superior tivesse exigido tal energia que, quando esta desaparece, volta o risco de recair em algo inferior. Assim como uma relação pode atingir o sublime em determinado momento, como se tivéssemos ultrapassado nossos antagonismos, também ela pode, em seguida, mergulhar no mais total marasmo afetivo, despertando todos os maus reflexos que acreditávamos superados.

Schopenhauer vê essa fragilidade no próprio funcionamento da Natureza. Num organismo vivo, por exemplo nosso corpo, o bom funcionamento do todo supõe uma colaboração de todas as partes entre si: cada órgão faz seu trabalho e contribui para a sobrevivência do conjunto. Mas o que não enxergamos suficientemente é que essa colaboração permanece muito frágil, porque na verdade ela não é mais do que o fruto de antagonismos que se equilibram. As bactérias da flora intestinal desempenham seu papel (a digestão) enquanto o "policiamento" do sistema imunológico as mantém em seu lugar. Mas basta que o organismo enfraqueça, que o sistema imunológico seja superado, para que essas bactérias saiam de seu lugar e invadam todo o corpo, produzindo uma septicemia, com o risco de matar o organismo com o qual antes colaboravam. Assim, um elemento menor (as bactérias da flora intestinal) pode vencer um conjunto bem superior a ele por sua complexidade e destruí-lo. E, quando não o faz, é apenas porque cuidamos de impedi-lo. Ora, para isso é preciso despender forças: o equilíbrio de nosso organismo supõe, portanto, gastar energia para manter cada coisa em seu lugar. Assim acontece com tudo, segundo Schopenhauer. Por toda parte, as realizações inferiores – porque menos complexas – da Natureza (bactérias, vírus, fungos) desejam se estender, dominar toda a matéria e acarretar a dissolução dos estados superiores (humano, animal, vegetal).

Não há vitória sem combate: a ideia superior ou objetivação da Vontade só se pode produzir vencendo as inferiores, e ela tem de vencer a resistência delas, que, embora reduzidas à servidão, sempre aspiram a manifestar sua essência de maneira independente e completa (p. 193).

A simples combustão pode destruir, por incêndio, áreas inteiras de floresta que precisaram de dezenas de anos para crescer. Ela se disporia então a consumir tudo se nada a detivesse: eis uma força que por natureza pretenderia apossar-se de tudo, se não encontrasse resistência que a limitasse. O que foi mais complexo para a Natureza elaborar, o Vivo, pode assim acabar em chamas em muito pouco tempo. O "superior" muitas vezes vê-se então posto em perigo pelas pretensões do "inferior".

Provavelmente você já notou como, num projeto, temos uma dificuldade terrível para harmonizar forças antagônicas, como conflitos menores entre as pessoas sempre correm o risco de superar motivações superiores. Os objetivos mais importantes às vezes não chegam a ser alcançados por causa de detalhes, de resistências secundárias. Quantas vezes você já se desesperou ao ver que grandes projetos foram estragados tolamente? A destruição do que foi complicado para construir, para encontrar, pode-se dever a um acúmulo de tensões nervosas irracionais, incontroláveis, como o menor abalo da placa terrestre pode vencer cidades magníficas.

Quanta energia perdida!

O combate, portanto, é perpétuo, e o sofrimento resultante dele é constante, pois tudo nos custa muita energia, à imagem da mais simples atividade: a digestão. Esta açambarca toda a força vital de nosso organismo para vencer, pela assimilação dos nutrientes, as forças naturais químicas desses alimentos (também estes são constituídos para resistir, caso contrário não poderiam existir e crescer, e opõem-se, portanto, aos ataques de nossos sucos gástricos). A digestão também cansa nosso organismo, daí nosso cérebro e nossa locomoção se tornarem mais lentos.

Do mesmo modo, a vitória do nosso organismo sobre suas partes, como vimos a respeito das bactérias, é necessariamente interrompida por momentos de mal-estar, quando a luta é muito difícil, e é cansativa. O estado de bem-estar obtido nunca é, no fundo, um estado de repouso. Não há acalmia duradoura num organismo. Mesmo que ele esteja plenamente saudável, precisa continuar repelindo as forças da morte, da doença, da deterioração. O sentimento de paz relativa deve constantemente ganhar das forças de desmonte, das forças inferiores que também pretenderiam triunfar e retomar o controle de toda a matéria. A saúde é apenas um equilíbrio frágil, adquirido num dado momento, porque as forças antagônicas (sistema imunológico contra bactérias, por exemplo, ou contra uma reprodução intempestiva de células) se equalizaram. Mas basta um leve desequilíbrio para que o organismo se sinta em suspenso: por isso você pode, sem saber por que, sentir-se cansado, sentir um mal-estar difuso, sem no entanto ter nenhum sintoma de determinada doença.

> Daí também as interrupções tão frequentes do sentimento de bem-estar proporcionado pela saúde, a qual expressa a vitória da Ideia, objetivada num organismo consciente, sobre as leis físicas e químicas que originalmente governavam os fluidos do corpo; e mesmo essas interrupções são sempre acompanhadas por um certo mal-estar mais ou menos pronunciado, resultante da resistência dessas forças e em virtude do qual a parte vegetativa de nossa vida é constantemente afetada por um leve sofrimento (p. 194).

As lutas incessantes que travamos, até em nosso corpo biológico, explicam uma certa instabilidade de nosso ser, de nossos humores, do nível de nossa energia vital. Toda atividade, mesmo prazerosa, supõe dispêndio de energia.

Organizar uma atividade com um grupo supõe um trabalho incessante, para pôr ordem entre desejos que se opõem, reduzir as vontades de independência de uns e não fazer o que bem entende dos outros e para dinamizar todos os indivíduos em torno de um mesmo projeto lutando contra a inércia do grupo. Os momentos de serenidade, de harmonia, também neste caso são muito frágeis e obtidos com dificuldade. É possível ter esperança de recuperar as esperanças depois de cada luta?

Uma vitória é, sem dúvida nenhuma, um momento agradável, que reabastece o indivíduo de autoconfiança. Mas, embora esse sentimento de triunfo nos faça esquecer por um tempo o cansaço ocasionado pelo combate, esse cansaço continua presente mesmo que escondido sob a euforia. Ele se deve ao mesmo tempo a uma baixa de adrenalina e à necessidade de recuperar forças. Assim, se por um lado a vitória nunca é definitiva, por outro lado a energia que tivemos de fornecer para obtê-la nos desgasta definitivamente. Acabamos por não mais nos lançarmos tão facilmente em novos desafios por nos sentirmos fora do páreo. O que ganhamos em descontração, ao não lutarmos, é arruinado por uma certa amargura ou impotência.

Questões vitais

1) As grandes coisas que você realizou na vida foram com luta? Contra o que você lutava? Você acha que a luta lhe permitiu se superar, dar o melhor de si mesmo? Você diria que a rivalidade entre os indivíduos ou a necessidade de eles provarem seu valor para os outros é sempre benéfica? Você acha que a vida é feita de desafios sucessivos, interrompidos por momentos de trégua para recuperar forças antes da luta seguinte?

2) Tente lembrar-se das lutas que lhe exigiram muita energia. Depois você recuperou totalmente suas forças? Não permanecem "resíduos" de cansaço? Não foram essas lutas que produziram forçosamente uma lassidão latente mas profunda? Você entende então o que Schopenhauer quer dizer com "a vida é algo que não compensa"?

3) Uma vitória pode ser eterna e definitiva? Você compreende o que Schopenhauer quer dizer com a ideia de que as forças inferiores sempre podem vencer forças superiores mais comple-

xas, mais evoluídas? Qual foi a última vez que você estragou um belo momento (*tête-à-tête* amoroso, reunião de amigos, atividade agradável) por causa de seu mau humor? Você teve experiência de irritações, aborrecimentos, cansaços que prejudicaram tolamente afetos superiores (uma amizade, um amor, um compromisso) por terem tornado você menos disponível, menos tratável, menos amoroso, menos entusiasmado?

4) Você constatou como nos martirizamos incessantemente nas relações humanas? As relações humanas para Schopenhauer ocorrem à imagem dos ouriços. Quanto mais nos precipitamos para o outro, mais ele se protege com seus espinhos, e vice-versa. Alguém que se precipita para você para conhecê-lo não o faz levantar suas defesas imediatamente? Uma relação viável não supõe, então, uma boa e certa distância (nem indiferente demais, nem interessado demais)? Mas será que aquilo que ganhamos em certeza de não nos machucar não perdemos em calor humano? Não estamos sempre defendendo nosso espaço vital contra os outros, portanto lutando?

III

Os meios para agir

Enxergar além da ilusão

Libertar-se da causa dos próprios sofrimentos

Como parar de sofrer? Libertando-se da Vontade absurda e cega, responsável por todos os nossos males. Essa resposta suscita um paradoxo: se tudo é manifestação da Vontade, conforme acabamos de ver, como libertar-se dela?

O conhecimento, instrumento de libertação

O objeto deste capítulo é transformar nosso olhar sobre o mundo. Por enquanto, vivemos de aparências que consideramos ser a realidade. Precisamos atravessar esse véu ilusório, "véu de Maya[15]", a fim de compreender a única realidade que há, a essência de todas as coisas.

A primeira ilusão é produzida pelo *princípio de razão*, do qual Schopenhauer nos exorta a nos libertarmos. O que significa isso? O princípio de razão consiste em explicar todo acontecimento de acordo com três categorias do conhecimento: a causalidade, o tempo e o espaço. Só podemos conhecer alguma coisa situando-a no espaço, no tempo e ligando-a a sua causa imediata, da qual ela é efeito. Só sob essas três condições um fenômeno, para nós, é perceptível e tem sentido. Tomemos o exemplo de um acidente ao qual assistimos: um gato é esmagado por um carro. Essa experiência é percebida situando-se os elementos (gato e carro) numa organização espacial (nós os situamos fisicamente um *em relação* ao outro: o gato estava *na frente* do carro), depois numa organização temporal (nós os situamos no tempo: o gato atravessou a rua

---

15. Maya é uma divindade hindu que cria, perpetua e rege a ilusão, a magia.

antes da chegada do carro que bateu nele). Enfim, há uma causa e um efeito: o carro causou a morte do gato. Decerto não podemos fazer outra coisa que não nos entristecer pelo gato e incriminar o carro. Mas, no momento em que o fazemos, a gravidade, que na realidade é a única responsável pela morte do gato (este não conseguiu resistir ao peso do carro sobre ele), mata milhares de outras vidas e opõe-se à resistência de uma infinidade de outras forças, que ela destrói ou não. As forças lutam umas contra as outras por toda parte, sempre.

É preciso, por conseguinte, estender nosso olhar para além do fenômeno apenas, que temos sob os olhos, não nos fechar dentro de nossa grade de leitura (espaço, tempo, causa) e considerar o desencadeamento das forças para ganhar em lucidez.

> Só há um método salutar de filosofar sobre o universo; só há um que é capaz de nos fazer conhecer o ser íntimo das coisas, de nos fazer superar o fenômeno: é o que deixa de lado a origem, o objetivo, o porquê, e que por toda parte só busca o *quid*, de que é feito o universo [...]. Dessa forma de conhecimento nasce, com a arte, a filosofia [...], essa disposição do caráter que é a única a nos levar à verdadeira santidade e à libertação do mundo (M.C.V.R. "La volonté s'affirme, puis se nie", p. 349).

Vimos que o conhecimento está habitualmente a serviço da Vontade, uma vez que ele organiza os meios adequados para atingir os objetivos estabelecidos por esta última. Mas, segundo Schopenhauer, seria possível adquirir um grau superior de conhecimento para além das aparências, como se, conhecendo verdadeiramente, enfim, a natureza do querer-viver, pudéssemos nos desligar dele.

Deixar de ser o joguete das aparências

Nós nos apegamos a aparências que, por natureza, são evanescentes, mutáveis, inconsistentes. Na primeira parte, vimos que a inconsistência do real era uma das causas de nosso sofrimento: apegamo-nos ao que não pode perdurar e sofremos permanentemente pela perda. Tínhamos apego a um gato que desapareceu, a uma sensação amorosa que se dissipou etc.

É preciso entender, então, que tudo ao que somos ligados é apenas uma sombra, destinada a se transformar e a desaparecer. Somos vítimas da ilusão produzida pelo *princípio de individuação*.

Esse princípio de individuação é uma maneira subjetiva de perceber o real: ele nos impele a recortar a realidade em indivíduos separados, diferentes, no espaço e no tempo, ao passo que, segundo Schopenhauer, essa realidade é *uma e única*. Imagine que todos os homens que existem na terra de fato não sejam mais que um e um só. O que nos faz acreditar que sejam vários é que percebemos vários *simultaneamente* (no espaço), e vários *sucessivamente* (no tempo). Multiplicamos, portanto, no espaço e no tempo uma mesma realidade: o "Homem único", que Schopenhauer também chama de "Ideia de homem". Tudo se passa exatamente como se olhássemos um objeto único através de um prisma de cristal com milhares de facetas nas quais ele se reproduz. Se ignorarmos o efeito desse prisma, acreditaremos realmente perceber milhares de objetos separados. O princípio de individuação é justamente esse prisma. Certamente essa argumentação é profundamente metafísica, mas tem repercussões diretas sobre nosso bem-estar.

De fato, o princípio de individuação nos faz acreditar que lidamos com indivíduos únicos, cuja perda seria irreparável. Choramos a morte do gato, esmagado na estrada. Mas atrás *desse* gato encontra-se a "Ideia de gato" (o Gato único), da qual todos os gatos são manifestações variadas. Todos os gatos participam de um mesmo modelo eterno; não passam de variações individuais dessa fonte única, eterna: a Ideia. Há diferenças importantes entre os indivíduos? Não, para Schopenhauer esse gato é idêntico àquele que, há trezentos anos, brincava nesse quintal, dando os mesmos saltos e as mesmas piruetas. O que nos faz pensar que eles são diferentes são os trezentos anos que os separam, mas esse lapso de tempo nada mais é do que nossa maneira subjetiva de perceber o real: segundo Schopenhauer, o tempo na verdade não existe.

Aliás, as pessoas que gostam de gatos acaso não gostam, além deste gato ou daquele outro, da própria essência do gato, de um conjunto de características gerais próprias de todos os gatos (constitutivas da espécie gato), que encontram em particular neste gato específico? Perder *um* gato não as impede de pegar *um* outro em seguida: aspiram a encontrar, além de todos esses gatos, a própria Natureza do gato, que Schopenhauer chama de "Ideia".

Quando um amor morre, somos bastante insensatos para chorá-lo, acreditando que está perdido para sempre, que nada mais será como antes... No entanto, se tivéssemos a sensatez de enxergar as coisas de outro modo, recobraríamos mais depressa nossa serenidade: esse amor que vivemos por meio de *uma* pessoa era apenas *um* aspecto do amor. Não possuíamos tudo do amor com essa história específica, mas apenas uma parte, uma manifestação singular, limitada. Falta-nos explorar outras manifestações do amor, outros "aspectos" por meio de outras pessoas. É preciso compreender, então, segundo Schopenhauer, que por trás das manifestações individuais, singulares, do amor (as experiências amorosas) se mantém a Ideia de amor, que, ela sim, é eterna, sempre presente, infinita. Por conseguinte, não temos razão de chorar pelo que é apenas uma expressão evanescente, limitada, imperfeita, de Ideia de amor. O ditado popular que diz "Uma perdida, dez encontradas" nos exorta, aliás, nesse sentido.

Para parar de nos lamentar por essas perdas, por esses desaparecimentos, precisamos, por conseguinte, enxergar para além das aparências, a própria origem de todas essas aparências: a Ideia.

> Suponhamos as nuvens que percorrem o céu; as figuras que desenham não lhes são essenciais, elas lhes são indiferentes; mas, como vapor elástico, elas se juntam, se dispersam, se dilatam e se rasgam sob o choque do vento; tal é sua natureza, tal é a essência das forças que se objetivam nelas, tal é sua Ideia; quanto a suas figuras particulares, elas só existem para os observadores (M.C.V.R. "Représentation et principe de raison" ["Representação e princípio de razão"], p. 235).

Encontrar a unidade por trás da pluralidade

Por toda parte na Natureza, encontramos uma força única por trás da aparente diversidade. O movimento do riacho que desce sobre as pedras pode se reduzir apenas à gravidade. Os torvelinhos na superfície são apenas aparências superficiais; sua Ideia ou sua essência é a de ser um líquido incompressível, móvel, amorfo, transparente. Do mesmo modo, o gelo se cristaliza nas vidraças das janelas segundo as leis da cristalização. A pluralidade de desenhos formados é acidental, só a cristalização, como força natural, é essencial.

A ciência física contemporânea, e especialmente a física quântica, confirmam essa visão da Natureza: um objeto é um agregado de quanta, pequenas quantidades de energia; é portanto energia em movimento. Tomemos o exemplo de uma mesa. Nós a percebemos como objeto, pelo uso que fazemos dela, mas vamos deixar de utilizá-la e enxergá-la em sua textura infinitamente pequena. Ela é feita de átomos. Ora, o átomo é composto de elétrons em rotação em torno de um núcleo de nêutrons e prótons. Não são grãos de matéria distinta imóveis como os representamos, mas pequenas quantidades de energia que se põem facilmente em movimento (especialmente sob efeito da luz). Portanto, aquela mesa, que era constituída apenas de átomos, com esse raciocínio torna-se energia em movimento. Ora, a parede na qual ela está encostada também é energia, tal como o chão, o teto que está acima dela etc. Aos olhos de um físico, tudo o que está a nosso redor torna-se uma massa indistinta de energia.

Portanto, devemos "converter" nosso olhar para enxergar a essência única para além das aparências individuais.

Tornar-se espectador e não mais ator do mundo

Precisamos transformar profundamente nosso conhecimento do mundo. Por enquanto, ele nos entrega à tirania do querer-viver, sem que tenhamos consciência disso. De fato, nossa apreensão das coisas é essencialmente baseada no efeito que elas têm em nós. Nós as buscamos quando são prazerosas (vão ao encontro dos nossos desejos e de nosso interesse) e caso contrário fugimos delas. Julgamos tudo a partir de nossos desejos conscientes ou inconscientes, e é isso que nos prende à Vontade.

Para nos libertar dela, devemos então apreender as coisas de outro modo que não a interação (possuir ou fugir) e considerá-las como Ideias. Tornamo-nos então um sujeito cognoscente diante de um objeto de conhecimento, com o olhar desinteressado ou contemplativo de quem não tem interesse prático com respeito a esse objeto.

Esse grau de conhecimento é uma libertação em relação à Vontade. Já não vemos este ou aquele fenômeno, mas a essência dos fenômenos em geral: não estamos na ação, mas na contemplação. Então o que é contemplado já não nos toca, já não nos intima a interagir. Doravante podemos olhar o mundo com aquele mesmo desinteresse prático.

Essa nova lucidez nos permite deixarmos de ser o joguete das ilusões, mas o espectador do verdadeiro funcionamento da Natureza. Devemos proceder assim, ainda, na comédia humana. A única especificidade humana é a presença de caracteres que se entrechocam.

Vamos observar o que acontece numa reunião. Encontramos geralmente os mesmos tipos de caráter: o rebelde à autoridade, que aproveita qualquer oportunidade para manifestar sua opinião e argumentar contra; o dissidente trocista, que aproveita qualquer ocasião para, por simples olhares ou sorrisos irônicos, zombar do que é dito; o colaborador leal, que concorda e opina sempre de acordo com a autoridade; o questionador consciencioso, que interroga para fazer a discussão avançar, mas que não pensa nada etc. Seja qual for o tema, o que está em jogo, o lugar da reunião, esses caracteres sempre estão presentes. Os motivos pelos quais eles interferem durante a sessão são simples pretextos para se manifestarem. Cada pessoa parece movida por forças (raiva, rebeldia, lealdade, magnanimidade etc.) que agem aproveitando as circunstâncias, sempre idênticas a elas mesmas, e a prendem a seu papel.

Tentar um verdadeiro debate de ideias, apoiado unicamente em argumentos, seria pura perda de energia, pois o que está em jogo, nesse choque de personalidades, está aquém da argumentação ou da contra-argumentação. Diante desse conflito de egos, é possível que ótimos projetos sejam reprovados, que belas ideias não passem... Quantas vezes não assistimos a um tal fracasso!

Mas não há razão para que essa observação nos aflija. Ao contrário, pensar que os homens não agem cientemente (estão encerrados em caracteres que não escolheram e que obstruem uns aos outros) torna-os menos antipáticos para nós. Não fazem o mal de propósito, este surge dos entrechoques dos caracteres, como tudo o que é falho, abortado, inacabado na relação humana...

Livrar-se dos arrependimentos

Devemos então evitar nos entristecer por aquilo que não funciona, pelas belas intenções que fracassaram. É o sentido do texto que se segue, sob a forma de um sonho de mundo:

> Suponhamos que nos seja dado lançar um claro olhar sobre o domínio do possível, além da cadeia das causas e dos efeitos; o gênio da terra surgiria e nos mostraria num quadro os indivíduos mais perfeitos, os iniciadores da humanidade, os heróis que o destino levou antes que a hora da ação tivesse soado para eles. Depois ele nos mostraria os grandes acontecimentos que teriam modificado a história do mundo, que teriam trazido épocas de luz e de civilização supremas, se o mais total acaso, se o mais insignificante incidente não os tivesse sufocado ao nascerem. Finalmente ele nos representaria as forças imponentes das grandes individualidades, que teriam sido suficientes para fecundar toda uma série de séculos, mas que se desencaminharam por erro ou por paixão, ou que, sob a pressão da necessidade, se empregaram inutilmente em objetos indignos e estéreis, ou ainda que se dissiparam por pura diversão. Veríamos tudo isso, e seria para nós um luto; choraríamos pelos tesouros que os séculos perderam.

> Mas o espírito da terra nos responderia com um sorriso; 'a fonte da qual emanam os indivíduos e sua força é inesgotável, e infinita, tanto quanto o tempo e o espaço; pois, como o tempo e o espaço, não são mais que o fenômeno e a representação da Vontade. Nenhuma medida finita pode medir essa fonte infinita; também cada acontecimento, cada obra sufocada em seu germe tem ainda e sempre a eternidade inteira para se reproduzir. Nesse mundo dos fenômenos, qualquer perda absoluta é impossível, assim como qualquer ganho absoluto. Só a Vontade existe; ela é a coisa em si, é a fonte de todos esses fenômenos. A consciência que ela toma de si mesma, a afirmação ou a negação que ela decide extrair disso, esse é o único fato em si (p. 237-238).

O que não conseguiu nascer e se desenvolver (talento, gênio, belo projeto etc.) terá a oportunidade, em outras circunstâncias, de advir e de se impor. O tempo nos é contado à escala do homem, mas não o é à escala do mundo: as oportunidades se repetirão em outras vidas. Portanto, nada em absoluto pode se perder, pois a fonte de todos os fenômenos é eterna.

Devemos então nos libertar do tempo e do espaço, que são formas humanas, ilusórias, de representação da realidade. As aparências são retidas em categorias temporais e espaciais imóveis, ao passo que na realidade tudo está ali, permanentemente, sob forma de possíveis. A fábula acima mostra-nos que o tempo, para Schopenhauer, não é linear, no sentido de que não há irreversibilidade. Essas possibilidades que não puderam se realizar, por negligência, poderão amanhã se cumprir: portanto, permanecem possíveis eternamente. Essa visão das coisas permite eliminar um dos sofrimentos principais já evocados: o arrependimento por não termos feito tudo o que poderíamos fazer.

De fato, Schopenhauer fala-nos como psicólogo de uma das razões profundas que nos ligam tão dolorosamente à vida: o sentimento de não termos aproveitado o suficiente, de termos desperdiçado o tempo que nos cabia perdendo-nos em atividades insignificantes. Esse sentimento de desperdício nos impele a querermos mais tempo, para nos dar mais e mais oportunidades de êxito: queremos que a vida não acabe; desejamos ter oportunidade de nos recuperar, de fazer melhor; pensamos que um dia será tarde demais e que tudo estará perdido para sempre; sentimos uma responsabilidade com respeito ao que não pôde acontecer... Ora, basta pensar que isso acontecerá posteriormente, de outra maneira, em outras oportunidades, para sentir-se aliviado desse peso. Só a eternidade é real, o tempo terminado é apenas uma aparência.

Enxergar o mundo liberto de um tempo linear, no qual tudo está presente sob forma de possíveis produzidos por uma fonte eterna, livra-nos da pressão do tempo. Somos dispensados do dever de fazer "algo que valha a pena". O que não foi feito, os tesouros que não foram trazidos à luz, a beleza que não foi vista ou criada, o serão mais tarde por outros, que não serão mais que variações de nós mesmos.

Filo-ação

1) Você consegue contemplar as coisas além de sua individualidade (da nuvem em particular ao conjunto das nuvens, depois à "essência de nuvem", uma e única, apesar da aparente multiplicidade das formas particulares de nuvens)? Proceda assim com diferentes coisas e diferentes seres, depois finalmente com você mesmo. É difícil manter por muito tempo essa percepção, mas, mesmo de maneira fugaz, ela incita a desenvolver uma outra consciência do mundo. Este é o primeiro passo no caminho do desapego.

2) Lance um olhar contemplativo e não mais utilitário sobre as coisas. Concentre-se, por exemplo, num objeto: uma árvore, um quadro etc. Contemple sua textura, sua forma, os jogos de luz sobre o objeto... Focalize a atenção nesse objeto, eliminando todos os pensamentos parasitas que o fazem voltar-se para você. Esqueça-se lentamente no objeto, que se torna a única realidade. Deixe, assim, sua consciência tornar-se consciência do objeto, ao ponto de perder a noção de você mesmo, de sua subjetivi-

dade. Você consegue assim sobrepujar a consciência de sua individualidade, transcender a relação "eu" e "o objeto", por uma outra consciência.

3) Uma perda ou uma morte o entristece. Pense que, no mesmo momento no mundo, ocorrem milhares de perdas semelhantes, produzidas pelas mesmas causas. Pense em todas as forças que cegamente pisoteiam, esmagam, destroem, trituram a vida, o belo, o bem. Pense que é necessariamente assim por toda a eternidade, uma vez que essas forças são as da Natureza. Essa meditação sobre o mundo não o consola um pouco de uma dor personalizada demais?

4) Observe a comédia humana. Aproveite uma reunião de pessoas para estudar as manifestações dos caracteres. Observe como esses caracteres aproveitam esta ou aquela ocasião para se manifestar: o colérico toma como pretexto determinado leve detalhe para dar livre curso à sua raiva; o egoísta, determinado motivo para justificar seu egoísmo etc. Observe em seguida a maneira como esses caracteres jogam uns contra os outros, como se atrapalham, se obstruem mutuamente em suas ações ou, ao contrário, como às vezes propiciam, sem querer, um movimento conjunto. Eles não o fazem pensar nos milhares de movimentos na superfície do mar agitado, que se ajustam, se entrechocam ou se absorvem?

5) Reflita sobre o tempo que passa. Se você pudesse trocar sua visão da irreversibilidade do tempo, com a pressão que ela implica ("preciso conseguir isso, no passado já falhei uma vez; não me resta tanto tempo para me sair bem etc."), pelo pensamento de um tempo infinito no qual as oportunidades de levar a cabo o que deseja fazer se apresentarão aos milhares, isso não o faria sentir-se mais tranquilo? É, portanto, sua concepção do tempo, finito, linear, irreversível, que é fonte de estresse. Então você compreende a ideia de Schopenhauer segundo a qual é preciso libertar-se de nossa concepção subjetiva do tempo para encontrar a paz?

6) Tente pensar num arrependimento que você tem e dizer a si mesmo que não lhe faltou vontade, mas que esta não encontrou as circunstâncias propícias para se expressar eficazmente. Nossas ações, de fato, muitas vezes são bloqueadas por inúmeros fatores independentes de nós. Esse pensamento não lhe proporciona um pouco de paz com respeito a seu passado?

Saborear a paz contemplando o belo

Vamos dar mais um passo no caminho da libertação. Contemplar uma bela paisagem ou uma obra de arte tem o dom de proporcionar uma satisfação interior que não é relativa a nenhum desejo. O desejo exige a posse, uma vez que ele é a consciência de uma falta (supõe-se que o objeto do desejo preencha essa falta). Ora, vimos que a satisfação proporcionada pela posse não é duradoura, e que logo surge um novo desejo, acarretando uma nova satisfação rápida, e assim por diante. O descanso, portanto, parece impossível. No entanto, a satisfação estética, que não é ligada a um desejo, pode proporcionar a calma esperada, a paz interior.

Da contemplação à paz

Em geral sentimos muita paz ao contemplar uma paisagem. A contemplação estética oferece uma quietude, pois por ela saímos da ação e, portanto, das exigências do querer-viver. É um meio de cessar de querer, portanto de parar de se dobrar à Vontade. Desviamos os olhos de nosso interesse particular, o único que nos ocupa, para olhar o mundo por inteiro, por ele mesmo, e não mais relativamente a nós.

> Assim um único e livre olhar lançado sobre a Natureza é suficiente para refrescar, alegrar e reconfortar de uma só vez quem é atormentado pelas paixões, as necessidades e as preocupações; a tempestade das paixões, a tirania do desejo e do temor, em suma, todas as misérias do querer lhe concedem uma trégua imediata e maravilhosa (M.C.V.R. "Représentation et principe de raison", p. 254).

De todos os sentidos, nos diz Schopenhauer, a visão é o menos ligado à Vontade, pois é independente da dor e do prazer. A audição e o olfato estão inteiramente encerrados nessa dicotomia: pode haver sons dolorosos ou prazerosos, cheiros agradáveis ou desagradáveis. O tato é um pouco mais livre, ainda que também sejamos sensíveis a um tecido suave ou que, ao contrário, irrita a pele. Ao passo que a visão, se nos ativermos aos olhos, à percepção sem julgamento, não é "irritável". É verdade que podemos ser acometidos de cegueira diante de uma luz direta, mas não há percepções visuais dolorosas e outras suaves para o olho. Os jogos de luz também encantam nossa contemplação. Pensemos simplesmente na luz rasante do fim de tarde, que inunda tudo com uma cor mais viva, e no sentimento de paz que se segue...

Quando a Natureza se oferece aos nossos olhos, só podemos desfrutar de sua beleza.

> Por ocasião de uma apreensão estética, a vontade desaparece inteiramente da consciência; só ela é a fonte de nossas tristezas e nossos sofrimentos. É a origem da satisfação e a alegria que acompanham a apreensão do Belo [...] Nós o sabemos, o mundo como *vontade* é primeiro, o mundo como *representação* é segundo. O primeiro é o modo da aspiração, e por conseguinte da dor, de milhares de males diferentes. O segundo, ao contrário, é em si mesmo essencialmente desprovido de dor; além disso ele oferece um espetáculo que merece ser visto, sempre e em toda parte significativo, e pelo menos divertido. A alegria estética consiste em desfrutá-lo (P.P. "Sur la métaphysique du beau et l'esthétique" ["Sobre a metafísica do belo e da estética"], p. 746).

Do bom uso da obra de arte

A obra de arte convida também ao desligamento pela contemplação: é possível desfrutar do espetáculo do mundo graças ao artista. E não é de surpreender, pois o artista sabe contemplar a Natureza. Ele não enxerga as coisas segundo o uso que pode fazer delas e, assim, isenta-se da rede das relações nas quais estão presas. Ele as liberta, por exemplo, da relação temporal, contando num mesmo espaço cenas normalmente sucessivas. Do mesmo modo, ele pode abolir o espaço (é o caso dos artistas abstratos):

o objeto existe por si mesmo, fora do lugar em que habitualmente adquire sentido. O artista lhe atribui, então, um alcance simbólico: é o caso, por exemplo, da escada nas pinturas de Miró, do relógio mole de Dalí, do círculo vermelho de Kandinsky etc.

O artista vê o mundo tentando reproduzir sua essência oculta: a espécie ou o caráter por trás do indivíduo (é por essa razão que o retrato de um desconhecido nos fala), ou a força que o anima (o peso para um objeto inerte, como nas naturezas mortas). A arte, assim, dá acesso à Ideia, evocada anteriormente. O pintor Cézanne, por exemplo, procura dar conta da essência da montanha Sainte-Victoire. Por trás das pinceladas, os contrastes das cores, o aspecto inacabado do conjunto, porque não desenhado, são as forças subjacentes à Natureza que ele tenta tornar visíveis: forças em ação, cegas, numa paisagem que parece em movimento, trabalhada por dentro, numa ordem precária, frágil, sempre recomeçada, à beira de um possível caos. As pinceladas de cores e seu contraste produzem a imagem de uma paisagem pouco tranquila. Portanto, não é a contemplação de uma paisagem tranquila que nos proporciona paz, mas a contemplação da própria Ideia, ou seja, da essência da natureza que se manifesta nos fenômenos observáveis.

Segundo Schopenhauer, a arte é capaz de fixar em fórmulas eternas o que flutua na vaguidão das aparências. Como o artista enxerga essa parte de eterno? É graças à hipertrofia de seu conhecimento: seu querer mais veemente do que nos outros impele-o a representar-se as coisas em geral (ele estabelece para si objetivos espirituais mais elevados, mais ricos, que o homem comum, o que o leva a conhecer melhor o mundo). O artista é mais dotado do que qualquer um para enxergar o conjunto, mas não para viver em paz. Pois, segundo Schopenhauer, as qualidades do gênio artista, inegáveis se comparadas às do homem médio, não lhe garantem uma vida tranquila. Sua inquietude, seu sentimento de não ter lugar entre os homens, a veemência de sua vontade, suas paixões intensas, sua visão de conjunto – quando o homem comum se contenta com a bisbilhotice e a curiosidade –, mas também seu flerte com a loucura o tornam insuportável, assustador. Imaginemos, por exemplo, os tormentos, as angústias por que passava a escritora Virginia Woolf, à beira da perda da razão, para dar à luz um novo livro. Ela só encontrava serenidade no momento em que contemplava o projeto de sua futura criação e depois, bem depois de terminado o livro. Parece que o artista arranca, do próprio cerne de sua vivência pessoal dolorosa, o que ele poderá levar ao universal, depois de um trabalho extremo, o que finalmente poderá ser contemplado por todos os homens como uma verdade que farão sua.

Graças à arte opera-se uma transfiguração dos mais profundos sentimentos: com a escrita de *Passeio ao farol* Virginia Woolf liberta-se finalmente das obsessões que tinha em relação à sua mãe e do sentimento de amor-ódio que tinha por seu pai. Graças ao trabalho que o artista opera sobre si mesmo e sobre o mundo, podemos também nós, simples espectadores, ter acesso ao que ele vê. Esse é o efeito de sua obra. A propensão a se libertar é, portanto, própria de todos os homens, mesmo que isso seja mais difícil para quem está preso na ação. A obra de arte tem pelo menos o dom de forçar à conversão do olhar, pois o gênio nos convida a enxergar a Ideia no particular. Sua obra nos dá um prazer estético pela representação e pela comunicação da Ideia.

> Do mesmo modo, de fato, que o botânico colhe uma simples flor entre a riqueza infinita do mundo vegetal, depois a disseca a fim de demonstrar a natureza da própria planta, também o poeta empresta da confusão inaudita da vida humana, levada por um movimento incessante, uma cena única, com frequência até mesmo um simples estado de alma, um simples sentimento, para nos mostrar com sua ajuda o que é a vida e a essência do homem (p. 750).

"Frequentar" obras de arte torna-se então um imperativo para libertar-se dos sofrimentos da vida.

A música, tão suave para nosso coração

A música, de todas as artes, é a que tem maior poder de nos consolar, a que nos fala mais intimamente ao corpo e à alma.

Ela nos tranquiliza profundamente, e bem o sabemos, haja vista o "consumo" exponencial que faremos dela, sendo que a música se tornou de acesso muito fácil.

Não sem motivo a música nos faz alcançar sem intermediários a Vontade, segundo nos diz Schopenhauer. Portanto ela tem um *status* privilegiado na hierarquia das artes. Nosso corpo, que não é senão a expressão da Vontade, não se engana quando, sob o efeito da música, ele se comove, dança, liberta-se de sua atividade utilitária para deixar-se levar a um movimento espontâneo. A música é, assim, a expressão da Vontade em nós, mas uma Vontade que já não nos faz agir de acordo com objetivos, obrigações pragmáticas. Ela se expressa, então, sem que queiramos alguma coisa em particular, como se fosse apenas pura energia pulsional. Nesse sentido, ela é libertadora.

A música nos liberta antes de tudo de nós mesmos. Toca-nos intimamente, parecendo extrair em nossos imaginários, em nossas memórias, os materiais de suas evocações: o *Requiem* de Mozart nos fala menos da morte do compositor do que de nossa própria morte, de nossas próprias ideias fúnebres. Basta nos deixarmos levar por uma única grande composição para constatar que os sons evocam em nós imagens, fragmentos de lembranças, reminiscências de sensações. Paradoxalmente, a música, ao mesmo tempo, transcende o íntimo. Parece falar de todos os homens, da vivência de toda a humanidade: a morte, o amor, o abandono, o desafio, a derrota, o triunfo, o medo, a alegria, a tristeza... A música transporta o íntimo ao palco do universal e nos força a nos deligarmos de nossa individualidade para nos abrirmos para a condição humana. Ela é, portanto, estranhamente, ao mesmo tempo íntima e geral, próxima e distante.

> [A música] não expressa esta ou aquela alegria, esta ou aquela aflição, esta ou aquela dor, pavor, alegria, júbilo ou paz de espírito. Ela descreve a própria alegria, a própria aflição, e todos esses outros sentimentos abstratamente, por assim dizer.

Dá-nos a essência deles sem nenhum acessório e também, por conseguinte, sem seus motivos. E no entanto a compreendemos muito bem, embora seja apenas uma sutil quintessência. Daí a imaginação ser tão facilmente despertada pela música. Nossa fantasia procura dar uma figura a esse mundo de espíritos, invisível e no entanto tão animado, tão comovente que nos fala diretamente; ela se esforça para lhe dar carne e osso, ou seja, para encarná-lo num paradigma análogo, extraído do mundo real (M.C.V.R. "Représentation et principe de raison", p. 334).

A música também nos liberta do querer-viver. A menor música sem palavras suscita em nossos imaginários imagens variadas. Indeterminadas: um *allegro* pode sugerir uma corrida de perseguição, uma dança triunfal, uma disputa corpo a corpo ou uma infinidade de outras possibilidades. A música evoca, portanto, possíveis infinitos e imediatamente desvanecidos.

Enquanto estamos ocupados ouvindo a execução de uma sinfonia, parece-nos ver desfilar diante de nós todos os acontecimentos possíveis da vida e do mundo; entretanto, se refletirmos, não descobriremos nenhuma analogia entre as melodias executadas e nossas visões (p. 335).

Entre prodigalidade e evanescência, desordem e aparência de organização, a música nos remete à essência da Vontade e do mundo. Como a Vontade, ela é precisa e indeterminada em seu conteúdo, contraditória e inapreensível, prolixa e efêmera. Permite-nos compreender a verdadeira tessitura do mundo, não mais através do entendimento, mas diretamente, por um conhecimento intuitivo. Dá-nos uma ciência que não poderia ser mais correta do querer-viver, e esse saber nos liberta, nos tranquiliza imediatamente.

Temos razão, por conseguinte, de usar e abusar da música, de fazer dela nossa mais fiel consoladora, nosso calmante, nosso ansiolítico. Aliás, L.-F. Céline, que Schopenhauer não desmentirá, dizia que a depressão acontece "quando já não se tem música suficiente em si para fazer a vida dançar".

Um olho sem vontade

Vemos que um dos objetivos implícitos da contemplação da Natureza ou de uma obra de arte é desviar-nos de nós mesmos para nos mergulhar no espetáculo do mundo. De fato, enquanto estamos na busca de nosso prazer, de nosso proveito, de nossa satisfação, permanecemos escravos do querer-viver, de seu quinhão de exigências e de frustrações. É necessário desprender-se de si, especialmente deixando de colocar seu ego no centro do mundo, mas recolocando o próprio mundo no centro. É a própria virtude da contemplação. Nesta, toda a nossa atenção se volta para o objeto contemplado, uma paisagem por exemplo, que se torna a única realidade. Nossa consciência parece então se desencarnar e flutuar como se já não fosse mais do que um olhar absorto na paisagem, como se formasse uma unidade com ela. Nesses momentos, libertamo-nos de nosso ego.

> Podemos, por meio dos objetos presentes, assim como por meio dos objetos distantes, subtrair-nos a todos os males; para isso basta sermos capazes de nos elevar a uma contemplação pura desses objetos; conseguimos assim acreditar que só esses objetos estão presentes e que nós mesmos não estamos; nesse estado, estamos emancipados de nosso triste eu; tornamo-nos, como sujeitos cognoscentes puros, completamente idênticos aos objetos; tanto quanto nossa miséria lhes é estranha, em tais momentos ela se torna estranha para nós mesmos. O mundo considerado como representação permanece só; o mundo como representação desapareceu (p. 256).

O objetivo a ser perseguido é, portanto, emancipar nosso conhecimento, habitualmente submetido à Vontade, mas também esquecer nosso eu individual. Trata-se de se tornar um olho sem vontade. O mundo torna-se então um espetáculo ou uma representação; ele já não é o espaço em que se agita nosso querer-viver, e nada mais nos pode abalar violentamente. A partir de então, pouco importa que esse olho contemplando um pôr do sol esteja num calabouço ou num palácio; pouco importa que ele pertença a um rei poderoso ou a um miserável mendigo!

Se conseguimos esse desprendimento, ele não é duradouro: o cansaço, as necessidades da ação, fazem-nos recair em nossos grilhões. Por conseguinte, devemos, com a maior frequência possível, pela contemplação ou mais precisamente pela arte, tentar reencontrar esses momentos de paz, para compreender que é a ela que nos destinamos.

Questões vitais

No romance que você está lendo, mesmo que o episódio se desenvolva geográfica e cronologicamente longe, decerto você se identifica com os personagens, pelo menos em certos aspectos. Isso acontece por que você compara esses personagens com você, com o objetivo de se conhecer melhor, ou por que esses personagens vivem dificuldades e alegrias que todos os homens conhecem fundamentalmente?

Esta última possibilidade acaso não prova que você traz em sua individualidade toda a condição humana, e que o mais importante não é compreender suas preocupações particulares, mas as dificuldades próprias a todo ser humano?

Essa transcendência de visão, conferida por um conhecimento geral, não é mais libertadora do que apenas o exame de si?

Filo-ação

1) Muitas vezes ruminamos as mesmas ideias, e essa ruminação torna-se, com o tempo, um veneno. É bom expulsar de uma vez esses pensamentos remastigados, "preenchendo-se" com outra coisa. A contemplação pode ter essa virtude. Escolha uma obra pictórica e deixe-se levar por sua observação, a ponto de entrar no universo do quadro. Deixe sua imaginação investir no que você está vendo. Esse exercício não tem em você o efeito interior de uma grande lavagem dos pensamentos com água limpa?

2) Olhe uma das pinturas de Cézanne sobre a montanha Sainte-Victoire. Está vendo a paisagem trabalhada por forças geológicas, pelo vento, a ponto de tornar as formas frágeis, ameaçadas pela dissolução e pela desordem? Está sentindo através dessa obra que a Natureza é incessantemente criada e recriada pelo querer-viver?

3) Tente encontrar um lugar de natureza (ou um lugar bonito) e vá até lá uma vez por dia para contemplá-lo. Essa prática cotidiana não lhe traz serenidade?

4) Ouça uma peça musical, se possível apenas instrumental. Observe como essa peça suscita em você imagens, sensações variadas. Deixe seu espírito divagar a rédeas soltas, à mercê dessas evocações. Dê livre curso às associações de imagens sem pensar em você, perdido na música. Elas falam de você, da humanidade em geral, dos dois? Repita essa experiência. Não está extraindo uma calma interior, como se tivesse esquecido de si mesmo?

Libertar-se do próprio ego

O egoísmo, que é a forma instintiva do amor a si mesmo, é da natureza do homem e do animal. Ele provém de seu querer-viver. Nesse aspecto, o homem tem como única superioridade sobre o animal o fato de ser capaz de representar seus interesses e de trocar o adjetivo *egoísta* por *interessado*. Esse traço de caráter é um verdadeiro flagelo na relação humana, porque, procedente do querer-viver, ele torna o indivíduo voraz, insaciável, resolvido a se afirmar sobre o outro, disposto a todos os devoramentos. Podemos, entretanto, desprender-nos do egoísmo, sob condição de tomarmos plena consciência dele.

A desconfiança com respeito aos outros

Sempre suspeitamos que o outro seja movido por seu interesse em todas as suas ações. Ora, como seu interesse nunca é o nosso, o egoísmo aprofunda constantemente a diferença entre nós e os outros. Aos nossos olhos, o outro só tem valor se ele pode favorecer nossos interesses; inversamente, sabemos que ele só se interessa por nós porque lhe proporcionamos alguns benefícios.

> Assim que ficamos conhecendo alguém, nosso primeiro pensamento geralmente é nos perguntar se a pessoa poderá nos servir em alguma coisa: se não o pode *em nada*, então para a maioria dos homens, e uma vez que formam uma opinião a respeito, ela não é mais do que um *nada* (*O fundamento da moral*[16], p. 100).

Essa visão torna o outro insuportável para nós – e, por outro lado, nós não deixamos de nos tornar insuportável para ele, de

---

16. *Le fondement de la morale*. LGF, 1991 [trad. fr. A. Burdeau].

acordo com o mesmo princípio. Enfim, são as relações humanas que se tornam infernais como resultado dos choques entre os respectivos interesses. Será que poderíamos moderar nosso egoísmo?

Infelizmente, o "eu" julga tudo a partir de si mesmo, uma vez que ele se conhece de maneira imediata e certeira e só conhece o outro por intermediação. Portanto, ele prefere confiar em si a confiar no outro, sempre mais incerto e menos fiável. Schopenhauer, aliás, dá o exemplo do conselho para mostrar o pesadelo que pode estar contido na relação humana. Quando pedimos conselho a alguém, perdemos confiança no indivíduo assim que suspeitamos que ele possa ter algum interesse no assunto, mesmo que muito longínquo. Não duvidamos de que ele vá nos aconselhar não de acordo com o que vê, mas de acordo com o que *quer*. E sua vontade, que certamente se manifesta, mesmo que ele não perceba, sempre tem em vista os fins dele.

> Sua vontade lhe terá ditado a resposta imediatamente, antes que a pergunta possa ter penetrado no tribunal do bom senso; então ele procura nos conduzir conforme convém a seus desígnios, sem nem sequer ter consciência disso: muito mais, ele imagina estar falando de acordo com o que vê, ao passo que está falando de acordo com o que quer; é nesse ponto que ele pode chegar a mentir, ao pé da letra, sem perceber. Tal é a onipotência da vontade sobre a inteligência (p. 10).

Como deixar de se ofuscar por esse egoísmo onipresente? Também aqui pode ser libertador observá-lo nos outros como em si mesmo, como espectador.

Abandonar os vãos combates do ego

Mesmo que não tenhamos consciência disso, nosso ego, ao longo do dia, não para de travar combates devoradores de energia e absolutamente vãos. Descansar supõe então desprender-se de "si", de seu ego combatente.

Isso implica desfazer-se em primeiro lugar do que reveste o "eu", das aparências: a preocupação com nosso aspecto físico, com nossa beleza, com nosso envelhecimento; a dificuldade de nos vermos "murchar" quando fomos bonitos, de nos tornarmos menos ativos sexualmente quando baseamos o sentido de nossa existência em conquistas etc., mas é preciso também nos desprendermos de nossa aparência social: a preocupação com o reconhecimento, a estima, a admiração dos outros; a vontade de brilhar pela inteligência, de brigar com nossos detratores, de dominar uma conversa, de não sofrer desfeita num conflito etc. Não faltam oportunidades para estimular o ego!

> Em tudo o que fazemos e em tudo o que nos abstemos de fazer, consideramos a opinião dos outros quase antes de qualquer outra coisa, e é dessa preocupação que, depois de uma análise mais profunda, veremos nascer cerca da metade das preocupações e das angústias que sentimos (P.P. "Aphorismes sur la sagesse dans la vie" ["Aforismos sobre a sabedoria na vida"], p. 291).

O desprendimento consiste assim em ser indiferente à opinião, lisonjeira ou não, que o outro tem de nós, ao que representamos para ele. Caso contrário, acabaríamos por ser para os outros, por nos agradar no olhar deles, por sentirmos o dever de perpetuar em seus olhos a bela imagem que nos devolvem. O desprendimento se traduz também pelo fato de não mais procurarmos ver triunfar nossa ideia, nossa visão, nossa opinião.

A libertação passa ainda pela renúncia ao desejo de sempre fazer de tudo o que nos acontece um assunto pessoal. Nossa inclinação à luta é infinita. Observe por um instante o espetáculo deste mundo em que os homens lutam pela autoafirmação, em que todos tentam na batalha não serem humilhados, mas sim dominar, vencer, triunfar. Toda oportunidade é boa para ver se marcamos pontos: estamos permanentemente nos medindo, não cessamos de nos comparar, nosso próprio valor sobe e desce como o de uma ação na bolsa. O outro ego é, evidentemente, um concorrente, aquele que, por suas próprias vitórias sobre nós, mas também pelo reconhecimento que obtém dos outros, ameaça nos fazer perder valor. Então é preciso repreendê-lo, fechar-lhe o bico, dar fim à extensão de seu brilho, superá-lo. O menor incidente em nossas vidas é um pretexto para combater: uma discussão à mesa, uma reunião, uma conversa entre colegas em torno da máquina de café, uma atividade em grupo, um jogo, um corpo a corpo...

Como acabar com essa maneira de ser com os outros, se isso lhes agrada? A única maneira de nos desfazermos dela não seria nos isolar, deixar de frequentar nossos semelhantes? Se somos os primeiros a nos desprender, não há o risco de que os outros vejam nisso o sinal de seu triunfo, de que nos excluam por sermos indivíduos fracos, derrotados, que *"já eram"*? Ter esse receio implica não enxergar que a paz conquistada é a única verdadeira força de que precisamos. Ora, essa paz se baseia no fato de nos desprendermos das opiniões dos outros sobre nós. O que importa, na verdade, a opinião do doente que nos censura por não estarmos tão intoxicados quanto ele, se a cura é realmente o único objetivo?

Isso também implica, é claro, não temer a solidão:

> "Todo o nosso mal provém de não conseguirmos estar sozinhos[17]", disse La Bruyère. O *gregarismo* pertence às tendências perigosas e até mesmo fatais, pois ele nos põe em contato com seres que na grande maioria são moralmente maus, intelectualmente pobres ou perturbados. O homem insociável é o que não tem necessidade de todas essas pessoas; ter o suficiente em si para poder prescindir de sociedade é uma grande felicidade, pelo próprio fato de que quase todos os nossos males derivam do mundo e de que a tranquilidade de espírito, que depois da saúde constitui o elemento essencial de nossa felicidade, nela é colocada em grande perigo e não pode realmente existir sem longos momentos de solidão (p. 347).

Ignorar as intrigas e a malevolência

Nessa maneira de viver "egocentrada", tudo se torna pretexto para nos avaliarmos: o êxito numa empreitada qualquer constitui nosso valor, o fracasso, nossa fraqueza. Por conseguinte, a preocupação exacerbada que conferimos a nosso ser passa

---

17. *Les caractères*, cap. "De l'homme".

necessariamente pela preocupação também exagerada que temos com não perder. Ora, justamente, vamos tentar acabar com esse medo visceral de perder! Essa é a lição do "soltar-se": vamos tentar não fazer tanto um assunto pessoal do que nos acontece. Imaginemos que alguém tenha nos contestado em público. A dor para nosso orgulho é imensa. Não paramos de pensar na maneira pela qual na próxima vez vamos "descompor" o indivíduo responsável por essa afronta, colocá-lo em seu lugar, até mesmo ridicularizá-lo, retomar o controle da situação. Preparamo-nos como um guerreiro para esse futuro combate, sendo a vingança ao mesmo tempo uma dor terrível e um estimulante poderoso. Que falta de serenidade! Será que o lance vale mesmo a pena? O que acontecerá quando nosso "inimigo" tiver recebido nossa saraivada de farpas que supostamente nos vingaria? Será que vai parar nisso? Será que ele não vai aumentar o lance, e nós também, até chegarmos a nutrir um pelo outro um ódio tenaz e voraz, desta vez irreversível? E se multiplicarmos esse tipo de disputas, quantas frentes de guerra precisaremos abrir e manter ao mesmo tempo? Quantas inquietudes, desperdícios de energia, para conservar uma certa autoestima do ego! Schopenhauer cita a esse respeito o impudente Voltaire: "Só temos dois dias para viver. Não vale a pena passá-los rastejando sob patifes desprezíveis".

> Quando vemos que quase tudo o que os homens perseguem durante a vida inteira à custa de esforços incessantes, de mil perigos e mil amargores, tem por objetivo último alçá-los junto da opinião – pois não só os empregos, os títulos e as insígnias, mas também a riqueza e até a ciência e as artes são, no fundo, buscadas principalmente com esse objetivo –, quando vemos que o objetivo final é conseguir obter mais respeito por parte dos outros, tudo isso, infelizmente, prova apenas a vasta dimensão da loucura humana (p. 290).

Quanta preocupação com a opinião dos outros! Schopenhauer ridiculariza nosso senso de honra na Europa, que nos impele a violentar o ofensor. Nós europeus atribuímos importância exagerada à ofensa, seja qual for a qualidade da boca que a profere, tanto que qualquer um pode ofender mortalmente um homem e fazê-lo perder a honra. "É humano", você responderá. Não exatamente, uma vez que os gregos da Antiguidade, por sua vez, não davam nenhuma atenção a um ofensor cuja intenção só pudesse ser má e não respondiam ao golpe recebido. Sua dignidade consistia justamente em não ligar para o que se dissesse. Baseava-se em seus atos e não na opinião dos outros, ao passo que nós baseamos o valor do que somos essencialmente na opinião que os outros têm e não nas verdadeiras ações que praticamos. Isso explica que estejamos permanentemente preocupados com o outro, seja o que ele for (mau, pouco esclarecido...), e que estejamos incessantemente brigando para calar a má opinião. A prova é que basta que a injúria seja retirada para não nos incomodarmos mais. É preferível aprendermos a nos julgar de acordo com nossas próprias obras e não mais de acordo com os discursos dos outros.

> De todo modo, é ter uma opinião bem fraca sobre seu próprio valor tentar sufocar qualquer palavra ofensiva que não deve ser ouvida. A verdadeira autoestima proporciona calma e real desprezo pelas injúrias (p. 313).

Uma observação clínica do ser humano

Vamos restabelecer a razão sem envolver paixão. A constatação é a seguinte: as pessoas são maldosas e se regozijam com nossos fracassos, mas nada nos obriga a nos espojar nessa lama e a nos entregar à maldade que reprovamos nelas. Nada nos obriga a responder à sua malignidade e a confirmá-las no que elas são. Sócrates, que levara um pontapé, não se vingou na hora; sabia que aquela violência não era contra ele. Os homens são maus porque sofrem e ignoram por quê, e de passagem tornam os outros responsáveis. Nesse sentido, pelo menos compreender as razões de nossos sofrimentos nos tornaria menos agressivos!

Decerto não é simples conseguir esse desprendimento. Contudo, de tanto observar o espetáculo de pobres coitados insultando-se mutuamente para ficarem melhor junto aos outros, numa relação contraditória destinada à decepção, um sentimento de absurdo acaba por dominar: "Não quero isso. Não quero mais isso". Esse sentimento é propício à retração do ego.

Lançar um olhar distanciado sobre si mesmo

Para nos desligarmos de nós mesmos, vamos tentar lançar sobre nós um olhar de espectador. Isso implica que não nos sintamos particularmente afetados pelo que nos acontece. Não nos prendamos à nossa sorte, mas observemos tudo como produto do espetáculo do mundo, do qual fazemos parte. Podemos constatar a pressão de nossos instintos sem realmente participar dela. Se nosso corpo reclama por suas pulsões sua parte de distensão, de prazer e de exultação, nosso espírito não tem de se sentir implicado nessas reivindicações. Elas fazem parte da grande confusão da Natureza, que reclama, exige incessantemente, em vão, sem objetivo.

Habitualmente não praticamos esse olhar distanciado, pois estamos ocupados demais em nos corrigir, em esculpir nosso interior para que ele seja o mais bonito visto do exterior. Ora, é tão mais interessante olhar nossa própria alma, notar suas vilezas tanto quanto suas grandezas, sorrir diante desse espetáculo da comédia humana. Quem tem mais condições do que nós mesmos de nos oferecer em nosso palco interior o vasto espetáculo da humanidade secreta? Schopenhauer mantinha um diário no qual anotava seus estados de alma, até mesmo os menos brilhantes. Estaríamos errados em usá-lo para jogar-lhe na cara o horror de seu próprio exemplo, pois, ao se analisar, ele mostra, ao contrário, sua capacidade de ser apenas um observador desprendido de si mesmo. Enquanto os outros se corrigem, se espiam para se educar e só querem ter com sua intimidade uma relação edificante, Schopenhauer mostra, ao contrário, um desprendimento absoluto com respeito ao que os outros pensarão de suas confissões. Só está interessado na observação pura, o que importa que ele ponha seu ego à mercê dos críticos! Esse ato é exemplar.

Desprender-se de si mesmo ainda não tem, portanto, função de purgatório: nossas imperfeições, nossas vilanias, nossas neuroses, nossas mesquinharias continuam presentes, mas nós aceitamos vê-las, em vez de dissimulá-las. Entretanto, desprendidos de nós mesmos, no fundo só podemos ser melhores: já não temos a animosidade de conseguir vitórias ou de extrair benefício de todas as situações e desmontamos muito mais depressa o conflito potencial, uma vez que seu resultado nos é indiferente.

Isto não sou eu

O desprendimento pode operar-se como resultado de não sermos o que vivemos, nós o observamos em nós mesmos. Por exemplo, não somos nosso ciúme, nós o vemos. Do ponto de vista espiritual, isso faz uma grande diferença: "Não sou esse desejo sexual, observo que meu corpo sente esse desejo". Esse distanciamento já é um passo para a libertação: é a diferença entre um criminoso que, preso em suas pulsões e impelido pelo desejo de se afirmar, comete um crime após o outro e foge da polícia, e aquele que sabe ter pulsões repreensíveis e já pode aspirar a se curar delas.

Os budistas propõem um exercício de desprendimento que chamam de *Satipatthanasutta*[18]. Esse exercício, que leva a "isto não é meu, eu não sou isto", tem um valor terapêutico, uma vez que modifica a percepção que temos de nós mesmos. Consiste em utilizar o "ele" impessoal em vez do antigo "eu" ou "meu" ("ele está com fome" para "meu corpo está com fome" em vez de "eu estou com fome", "o orgulho está sofrendo" em vez de "eu estou sofrendo"), a fim de desprender os objetos de atenção de nós mesmos. Eu não sou nem esse corpo, nem mesmo esses raciocínios; eles estão ali, como "está" chovendo ou "está" nevando*, mas não são eu. Esse exercício permite uma dissipação,

---

18. "Sutta dos quatro estabelecimentos da atenção".

* Na tradução, a explicação pode perder em clareza, uma vez que no francês os verbos impessoais são acompanhados pelo pronome *il* (ele), neste caso denominado pronome impessoal. Assim, *il pleut* (chove), *il fait beau* (faz bom tempo) etc. [N.T.].

certamente fugaz, do "eu" num presente anônimo. Assim, pensamentos aparecem, mas já não há ninguém para apropriar-se deles. Então eles flutuam por alguns instantes, depois se desvanecem tranquilamente. Mas assim que uma ação voluntária volta a intervir ("preciso expulsar esse pensamento do meu espírito"), todo o processo de *desidentificação* desmorona.

Aliás, nossa individualidade não tem essência em si. Observemo-nos à escala de nossas células: estas se reconstituíram centenas de vezes desde que nascemos! Onde está nossa permanência? Somos apenas um fluxo de matéria que assimilamos e que se destrói antes de ser substituída. Como poderíamos apegar-nos a ela?

O desprendimento, portanto, liberta-nos da busca frenética da felicidade. Paradoxalmente, assim desprendidos, podemos ser felizes de verdade. Procurar o que é bom ou mau para si é intensificar a preocupação com seu caro eu, ater-se com o mundo ao redor a uma lógica de transação. Não mais se preocupar com ele é, ao contrário, conhecer o verdadeiro repouso.

Filo-ação

1) Decida, durante uma semana, não mais travar os velhos combates do ego. Você já precisa proceder a um exame de verificação: num primeiro momento, anote num caderno, à medida que elas aparecem, as "preocupações consigo mesmo" encontradas durante o dia. Com frequência elas se traduzem pelo sentimento de ser lisonjeado ou magoado pelo outro. Realizado esse trabalho preparatório, passe para a etapa seguinte, tentando durante uma semana cessar qualquer combate, olhar as ações praticadas e não as opiniões dos indivíduos, ater-se à ação sem tentar mostrar nada aos outros. Faça um balanço no fim de semana: você realmente perdeu, em "autoestima"? Sente-se mais descansado do que habitualmente?

2) Ao longo do dia, tente prever o que vai acontecer (p. ex., "Fulano vai tentar me levar nessa direção, decerto vou reagir desta

maneira"), depois confronte suas previsões com a realidade e analise o que impediu sua realização, quando for o caso.

3) Lance sobre tudo um olhar clínico e frio de cientista. Mesmo que o que está acontecendo o afete diretamente, considere-se imediatamente como um inseto na mesa de dissecação que você esteja observando friamente. O fato de nos posicionarmos como observadores de nós mesmos nos ajuda a darmos menos importância ao que está nos acontecendo, a nos sentirmos menos apegados à nossa sorte. É libertar-se um pouco do "caro Eu".

4) Observe toda situação vivida com o olhar de um enxadrista que está vendo retrospectivamente a partida que acaba de jogar como se ele não tivesse participado dela. Isso lhe permite eliminar o *pathos* e, portanto, a influência afetiva dele sobre você. Ao dizer a si mesmo que deveria ter deslocado o peão desta maneira em vez daquela, você está perdido, pois a culpa chega com seus devidos danos. Ao passo que, olhando as jogadas apenas de fora, observando a eficácia ou a inutilidade delas, você está ausente da cena e não se deixa tocar nem por uma vitória nem por uma derrota. A culpa, o sentimento de que poderíamos ter agido melhor nos prende demais à nossa pessoa.

5) Faça um diário, como fazia Schopenhauer, no qual você pode registrar todas as vilezas de sua alma com um simples olhar de observador. O objetivo não é se flagelar, mas tornar-se um espectador sincero do coração humano. Prender-se a si mesmo leva a maquiar os fatos, a reinterpretá-los para salvar um pouco da sua autoestima. Ao contrário, escrever os motivos de seu coração tal como são de verdade permite desprender-se de seu ego.

6) Pratique a *desidentificação* de si. Ao pensar ou ao escrever em seu diário, troque o uso do "eu" pela forma impessoal: "Penso que" torna-se "Acaba de surgir o pensamento de que..."; "Eu sinto raiva" torna-se "Há um sentimento de raiva causado por..."; "Eu estou inquieto" torna-se "Uma inquietude está tentando perturbar minha alma: de onde vem ela?" etc. Essa *desidentificação* deveria ter o mérito de lhe proporcionar desprendimento, portanto, descanso.

A renúncia a si pelo amor universal

Tudo o que vimos antes sobre o desprendimento, sobre o olhar espectador, pode levar a crer que o objetivo é a indiferença a tudo e a todos. Ora, nada está mais distante da filosofia de Schopenhauer. Não se trata de adquirir para sempre um olhar frio, clínico. Esta é unicamente uma etapa da libertação com respeito ao querer-viver, que permite não mais tentar se afirmar.

A autoafirmação produz o egoísmo, a inveja, o ciúme, ao passo que a renúncia engendra a piedade, a generosidade, o altruísmo. Eu me preocupo mais com o sofrimento do outro se "ele" é um "eu", e "eu" um "nós". O amor universal, fruto da meditação, permite-me compreender que o outro é um outro eu, que seu sofrimento é meu sofrimento, que somos uma mesma carne dolorosa, uma mesma Vontade cega, um mesmo ser. A renúncia a si é uma abertura para todos, uma maneira de abraçar com o olhar e com o coração todos os humanos.

Em compensação, a "prática" dessas virtudes acarreta uma libertação benéfica para si mesmo. Comecemos pelas virtudes morais. Ter vontade de cultivá-las é sinal de que já começamos a nos libertar, e um meio de prosseguir nosso caminho na direção da libertação.

Cultivar a piedade

A piedade é a aversão por ver o outro sofrer. É um fundamento moral, pois nos impede de infligir sofrimento ao outro, ou pelo menos nos incita a nos preocuparmos com sua sorte, a ajudá-lo. A piedade nos faz sentir em nós, em nosso corpo, nossos nervos, nossa alma, o sofrimento vivido pelo outro. Esse fenômeno de empatia escapa completamente à razão. Mostra que podemos nos identificar com o outro, que já não é um "não-eu". Na piedade, o "tu" torna-se um "eu".

> É esse o fenômeno da piedade, da participação absolutamente imediata, sem nenhuma segunda intenção, primeiro das dores do outro, depois e consequentemente da cessação, ou da supressão desses males, pois é esse o fundamento de todo bem-estar e de toda felicidade (*O fundamento da moral*, p. 156).

A piedade opõe-se, portanto, a nosso egoísmo triunfante e nos permite desprender-nos dele. Por conseguinte, é importante cultivá-la. Mas a análise de Schopenhauer vai mais longe. Segundo ele, sentir piedade não consiste em se colar aos problemas do outro, confundidos com os seus próprios. A piedade é o reconhecimento de que a existência é sofrimento. Ela inspira um movimento de rebelião contra esse sofrimento (o seu próprio, depois o de todos) e a decisão de fazê-lo cessar. É, portanto, um grito de indignação: "Chega! Agora basta! Vamos acabar com isso!" Só quem acredita que é possível viver sem sofrer e que pensa, por conseguinte, que os que sofrem são em parte responsáveis pelo que lhe acontece pode não sentir piedade por seus contemporâneos. "Vá se tratar! Vá procurar um terapeuta! Mude de vida! Faça alguma coisa, mas pare de se queixar!" Impacienta-se quem vê no apelo à compaixão uma extorsão insuportável de seu tempo pessoal.

Ao contrário, quem compreendeu seus próprios sofrimentos reconhece os mesmos no outro e realiza, abraçando a humanidade com o olhar, que são por toda parte as mesmas causas que arrancam dos homens queixas e orações. Sabe também que a solução não está na vontade e no esforço do indivíduo. Valendo-se disso, pode praticar para com a humanidade uma piedade sem desprezo nem discurso voluntarista. A piedade é a possibilidade do amor universal, fruto da meditação sobre a existência.

> A partir disso, o que fazemos para os outros, com toda a nossa bondade, nossa ternura, nossa generosidade? Suavizamos seus sofrimentos. O que então pode nos inspirar a fazer boas ações, atos de doçura? *O conhecimento do sofrimento do ou-*

tro; nós os adivinhamos a partir dos nossos e os igualamos a estes. Vemos, portanto que o puro amor é, por natureza, a piedade (M.C.V.R. "La volonté s'affirme, puis se nie", p. 472).

Só quem compreendeu que a existência é sofrimento deixa de culpar o outro por sofrer e não procura ter sobre ele uma influência que sabe ser inútil. Pode lhe dizer: "Tua queixa é sã, tua oração é um canto de lucidez, teu gemido é o primeiro passo de tua libertação". Por outro lado, a recusa da queixa do outro é suspeita; a indiferença voluntária à sua dor é cegueira; a recusa de sua dor é crueldade. Não se trata de carregar o fardo do sofrimento dos outros – quem o poderia? –, mas de enxergar esse sofrimento, de situá-lo no seio do que é infligido pelo querer-viver. É só sustentando com o olhar, calorosamente, o espetáculo desse sofrimento que se pode opor um "Não!" à Vontade.

Escolher o caminho do que é justo

Praticar a justiça e a caridade é sinal de que já não estamos em erro. Em que estávamos enganados? Acreditávamos formar sozinhos uma vida individual. Uma vez que nos desvencilhamos do erro produzido pelo princípio de individuação, "eu" torna-se "nós". Deixando o outro ser atingido pelo mal, eu me faço mal, por mais estranho que possa parecer. De fato, o outro não é um não-eu, e eu não sou outro que não ele.

> Esse egoísmo engendra o erro fundamental de todos nós, que consiste em nos acreditar uns aos outros, reciprocamente, não-eu. Ao contrário, mostrar-se justo, nobre, humano, não é senão traduzir em ações minha metafísica [...]: "Renascerás um dia sob a forma daquele que ofendes hoje e padecerás as mesmas ofensas", com a fórmula citada com frequência do bramanismo: *Tat twam asi*: "Tu és isso" (M.C.V.R. "De la morale" ["Da moral"], p. 1.367).

Por outro lado, a prática dessas virtudes morais é um meio de favorecer a renúncia a si mesmo e, consequentemente, a negação do querer-viver. De fato, a verdadeira integridade, a justiça inviolável, essa primeira virtude cardeal, a mais importante de todas, é um dever extremamente pesado a ser cumprido. A prática inteira e sincera dessa virtude exige sacrifícios capazes de logo tirar da vida a doçura necessária para que nos deleitemos com ela e de levar à resignação. Assim, a justiça exige sacrifícios tais que se torna admirável.

> Sua essência consiste propriamente no fato de que em vez de fazer recair sobre outros, a exemplo do injusto, por artimanha ou por violência, as cargas e as dores que a vida acarreta, o justo carrega sua parte ele mesmo; consente em assumir inteiro o fardo completo do mal que pesa sobre a vida humana (M.C.V.R. "Théorie de la négation du vouloir-vivre" ["Teoria da negação do querer-viver"], p. 1.374).

O justo conhece tanto melhor os sofrimentos que a vida reserva quanto ele consente plenamente em carregar seu fardo; não foge à sua responsabilidade, acusando os outros ou se descarregando neles. O justo sabe que não há escapatória possível. A prática da justiça, levando às necessidades e aos sofrimentos, faz avançar inevitavelmente a renúncia ao querer-viver, levando à resignação.

A justiça não é concebida aqui como uma distribuição igualitária das dores e dos prazeres. O justo expõe-se às perseguições, à violência de um sistema que ele denuncia e questiona. Colocando-se em perigo desse modo, ele pega um fardo mais pesado e concentra sobre ele os sofrimentos aos quais a humanidade em geral se expõe: morte, penúria, ameaças, degradação, perseguição, exílio...

O justo, enfim, aceitaria de bom grado morrer em defesa de sua causa: superou o medo da morte, uma vez que a vida deixou de lhe ser doce, se é que foi algum dia. Já não há, então, que ter medo de perder, pois aquilo a que temos apego é fonte de dor; já não há que temer o fim, pois ele se torna libertação. Não há nem mesmo que apressar esse fim, pois a lucidez já é o advento desse fim: não havendo mais nada a esperar da vida, estamos libertos do querer-viver.

O pessimista com frequência é percebido como indiferente à sorte do outro, pois não crê na renovação moral da humanidade. Aqui, ao contrário, o pessimismo de Schopenhauer implica saber-se um entre os outros e afetado pela sorte deles.

Praticar a caridade

A piedade nos incita não apenas a não infligir sofrimento ao outro, mas também a ajudá-lo. A ação que ela inspira, natural, desinteressada, é então caridosa. A caridade leva mais rapidamente ainda à resignação. Quem pratica essa virtude, em primeiro lugar reconheceu em cada outra criatura seu próprio ser: para ele, "tu" não é diferente de "eu". Em seguida identificou sua própria sorte com a da humanidade inteira. Ora, a essa sorte não falta rudeza, ela é feita de dores, de sofrimentos injustos e de morte para todos. O erro que cometemos é o de acreditar que talvez possamos evitar certos sofrimentos, que só atingiriam os outros. Vemos então em nossa parte alijada de dor um motivo de júbilo: já que não somos felizes, não seríamos um pouco mais favorecidos do que os outros? A caridade é, ao contrário, uma renúncia lúcida a esse cálculo miserável, pois quem a pratica recusa vantagens, dá ao outro e não busca outra sorte que não a de todos.

> Quem renuncia assim a qualquer vantagem fortuita e não quer para si outro destino que não o da humanidade em geral tampouco pode querê-lo por muito tempo (p. 1.374).

A caridade impele a renunciar a si, a qualquer sentimento ou desejo de ser mais favorecido do que os outros. Ela opera pelo amor universal. Nisso, também é um caminho para a libertação.

Com a prática da justiça e da caridade, já não estamos numa atitude de queixa com respeito ao sofrimento; não desejamos que a vida nos seja mais suave, pois sabemos que ela não pode sê-lo. Também já não estamos numa atitude de fuga: não escondemos de nós mesmos o fato de que é difícil viver, de que os combates que travamos na existência são duros, extenuantes, incessantes.

Assumimos, enfim, que é necessariamente assim e que não temos nada de diferente a esperar da própria vida: então já não temos medo de sofrer, aceitando os "jejuns" e as "mortificações". Então uma força e uma paz novas nos são dadas.

> A própria justiça é o cilício que propicia a seu portador uma perpétua mortificação, e a caridade, que se priva do necessário, é um jejum de todos os instantes.

Schopenhauer desenha então dois caminhos de salvação, dois meios de se desprender de si e da Vontade:

• a serenidade da contemplação (através da arte ou da natureza, p. ex.);

• o caminho da piedade, quando num lampejo dizemos a nós mesmos que é demais, e num instante brota a negação do querer-viver, que é então redenção.

Filo-ação

1) Exerça a piedade. Para isso, é preciso em primeiro lugar reconhecer e compreender a sorte dos outros. Quase sempre desvalorizamos o sofrimento deles. Decerto acreditamos fazer-lhes bem ao mostrar como são pequenas e fúteis as dificuldades que os incomodam. Mas, pensando bem, não é certo que eles apreciem que aquilo que tanto os machuca seja, a nossos olhos, dores menores. Por conseguinte, tente dar aos sofrimentos dos outros toda a importância que eles merecem. Em seguida, muitas vezes assumimos papel de dar conselhos, de exortá-los a parar de sofrer, como se o outro, enfim, pudesse se comprazer em se queixar. Admita, antes, que o sofrimento do outro é irredutível, compreenda o que ele está padecendo de fato sem o incitar a nada. Na próxima vez que algum amigo lhe falar de um sofrimento, tente evitar esses dois erros, a desvalorização e a exortação, a fim de se identificar com ele, até o ponto em que *ver o sofrimento* e *sofrer* sejam uma única e mesma coisa.

2) Se você se julga protegido ou favorecido, ouse lançar na batalha pela justiça esses dons que recebeu. Ouse perder no combate de preferência a capitalizar esse "mais" e temer ter "menos" do que outros. Esse é o verdadeiro gesto do homem livre: já não ter medo de perder, pois ele sabe a inutilidade daquilo a que é apegado. O exercício da justiça é uma boa prática de desprendimento.

3) Com frequência confundimos a caridade com dar esmola. Mas há muitas outras atividades caridosas a serem feitas, uma outra caridade a ser vivida. Durante quarenta e oito horas, tente não mais julgar o outro como um ser diferente, arrogante, que tem defeitos que você nota e estigmatiza. Ao vê-lo em situação difícil, tente ajudá-lo discretamente (p. ex., quando ele acaba de dizer um disparate). Tente não esperar nenhuma retribuição nem dar a entender que ele lhe deve essa ajuda. Por essa gratuidade, sem segundas intenções, é importante que a identificação com o outro preconizada pela piedade possa ter sido um pouco experimentada.

IV

Uma visão do sentido da existência

Negar o querer-viver

Imortais...

Segundo Schopenhauer, nós não podemos morrer (veremos neste capítulo os argumentos a favor de nossa imortalidade)... mas é uma falsa boa notícia! Estamos, de fato, condenados a uma eternidade de vidas sucessivas, todas igualmente absurdas e dolorosas. Buscar no suicídio uma escapatória é coisa inútil, pois o suicida, estando destinado a voltar à vida mais tarde, não resolve nada com seu gesto.

A filosofia de Schopenhauer a respeito da morte parece seguir uma lógica dupla, aparentemente contraditória: nos desangustiar em relação à nossa morte, mas com o objetivo não clássico de nos tornar a vida mais leve – poderia ela ser? –, porém de nos torná-la menos atraente. Ele raciocina, de fato, como se o pavor da morte nos levasse a nos apegar à velha tábua carunchada que é a vida. Libertar-nos do medo de morrer é portanto uma maneira de nos libertar de nosso apego "visceral" à vida. Schopenhauer pensa, com efeito, que para nos manter na vida, apesar da experiência pouco convincente que temos dela, nossa imaginação deve ter feito da morte um perigo mais atroz ainda, a fim de nos fazer recuar diante do desfecho fatal.

O grito do corpo diante da morte

Por que temos medo da morte? Parece que não temos resposta clara a essa pergunta. Será o próprio momento do traspasse que nos angustia? Será o que nos espera depois? Será o fato de deixar de viver? Será o fato de o mundo depois continuar sem nós? As filosofias e as religiões, há séculos, fornecem inúmeros argumentos contra todas essas razões para ter medo. No entanto, de nada adianta, o medo continua escondido no fundo de nossas entranhas. Compreende-se! Não é o espírito, a quem se dirigem os religiosos e os filósofos, que teme a morte, mas o próprio corpo, que solta um "grito primal" diante da ideia de seu aniquilamento. Daí o grande erro secular dos pensadores que declararam: "Não tenha medo, apenas seu corpo desaparecerá, a alma sobreviverá a ele..." O quiproquó se perpetua, e o medo não diminui.

Como vimos, o corpo é a encarnação do querer-viver. Por natureza, então, ele quer viver, é desesperadamente apegado à vida, não suporta a ideia de ter de se apagar. Ao passo que a alma, por sua vez, não tem nenhuma objeção a seu desaparecimento. De fato, enquanto o corpo só faz querer, a alma se esforça por conhecer. Se a Vontade produz esse apego ao fato de viver, o conhecimento age em sentido oposto: ele revela o pouco valor da vida e combate, assim, o medo da morte. Nós louvamos a alma vitoriosa sobre o corpo, que o faz aceitar sua sorte como um cavalo rebelde. Ao contrário, desprezamos o indivíduo no qual o conhecimento sucumbe nessa luta, aquele que se apega sem reservas à vida, que se obstina com todas as forças ao se aproximar a morte e se desespera ao recebê-la. Cícero dizia:

> Nos combates de gladiadores, chegamos a sentir ódio dos covardes que nos suplicam e nos conjuram a deixá-los viver, ao passo que desejamos salvar aqueles que, com coragem e resolução, por si mesmos oferecem-se valentemente à morte[19].

O conhecimento permite a renúncia, e é por ele que vamos nos interessar a seguir.

A morte, uma imensa "brincadeira"

Devemos antes de tudo fazer a mais objetiva constatação: morre-se incessantemente na Natureza. Parece que somos entregues à morte sem proteção ao menor acidente. O mais complexo

---

19. *Pro Milone*, c. 34.

organismo pode assim ser levado por um vírus infinitamente rudimentar. Isso significaria, portanto, que para a Natureza a morte não é nada.

> Pois bem, se a mãe de todas as coisas se preocupa tão pouco em lançar seus filhos sem proteção entre mil perigos sempre ameaçadores, só pode ser pela certeza de que, se eles caírem, recairão em seu próprio seio, onde estão protegidos, e que assim sua queda é apenas uma *brincadeira* (M.C.V.R. "De la mort et de ses rapports avec l'indestructibilité de notre être en soi" ["Da morte e de suas relações com a indestrutibilidade de nosso ser em si"], p. 1.216-1.217).

A Natureza imola suas criaturas aos milhares, seja qual for a complexidade dos organismos que ela conseguiu produzir. O que significa tão grande desperdício se não que a vida não é a chave da história, que só conta o ato de produzir vida e não os vivos em si mesmos? Isso significa que esses seres não têm valor em si. Esse fato empírico confirma o absurdo da existência de um ser vivo em particular: essa é a lição para cada um de nós tirar da observação da Natureza.

O que tem importância, então, se não são os indivíduos? A própria fonte da vida não parece afetada pela trituração desses milhares de existências, que desaparecem sob os pretextos mais fúteis: um pé esmagando um inseto num caminho, uma criança se divertindo ao colher um buquê de flores... A morte ceifa sem cessar (a planta e o inseto morrem no final do verão, o animal e o homem depois de alguns anos), e no entanto os animais, os vegetais, os insetos e os homens continuam sempre existindo, sempre "recomeçados". Diante dessa constatação nasce a intuição do imperecível, como se esse movimento de superfície, a fuga do tempo, esses nascimentos e essas mortes incessantes dos indivíduos, não afetasse a própria essência desses seres. A própria raiz, origem de todas essas manifestações de superfície, permanece intata, sempre tão produtiva e pouco atenciosa para com suas produções.

Só nossa individualidade vai morrer

Segundo Schopenhauer, o indivíduo perece, mas a espécie é imperecível, e o desaparecimento assim como a produção dos indivíduos não altera em nada a própria essência da espécie. Nós mesmos privilegiamos a espécie: basta ver os cuidados apaixonados que dedicamos à nossa prole ou a força do instinto sexual. Os instintos animais levam ao sacrifício de alguns indivíduos pela sobrevivência da espécie. O indivíduo, portanto, não é um valor para a Natureza.

O que vai sobreviver a nós? Nossa essência, a ideia que encarnamos. A individualidade é apenas uma ilusão. Acreditar que se encarna um ser à parte é uma ilusão, produzida pelo *princípio de individuação* já evocado. A Natureza, em sua prodigalidade, criou uma variedade de seres originais, com particularidades ínfimas: os indivíduos. Devemos, no decorrer de nossa vida, encarnar o mais possível essas particularidades, que contribuem para a riqueza da espécie. Elas serão retomadas ou, por sua vez, produzirão outras, e pessoalmente teremos sido apenas o suporte passageiro dessa transmissão; algo de nós, portanto, sobrevive a nós ou por herança ou por transmissão.

Mas, salvo essa transmissão, o indivíduo não existe por ele mesmo, ele é um fenômeno evanescente no meio de fenômenos criados como ele. Sofrer com seu próprio desaparecimento é, portanto, sofrer por causa de uma ilusão, reduzir sua existência ao que morre. Ora, nossa existência é bem mais ampla do que isso, ela se ancora num princípio eterno. O indivíduo morre enquanto intelecto, ou seja, enquanto consciência ligada a um corpo, esse "eu". Assim, esse "eu" que se pensa, se raciocina, se justifica e se esforça para se conhecer está destinado a desaparecer. Resta então o avesso do intelecto: a Vontade. Esta continua imperecível: meu querer-viver, como força vital, produzirá outra forma depois de minha morte que, com um novo intelecto, se guiará, se compreenderá. Pode-se dizer que esse mesmo querer-viver acompanhado de outra consciência ainda é eu? Sim, em certo sentido, uma vez que se trata do mesmo querer-viver. O querer-viver é um princípio vital, um *germe* que pode produzir várias vezes o mesmo "fruto" ao longo do tempo, sendo que cada fruto expressa todo o germe. Se você é esse "fruto", não é também esse germe? E, quando esse fruto desaparece e o germe logo produz um novo fruto, você também não é esse novo fruto? Para Schopenhauer, a individualidade é o fruto e o germe, ela permanece eterna como princípio vital e desaparece como consciência singular. Você é então o indivíduo que você encarna atualmente, assim como todas as individualidades que sua essência pode produzir no tempo infinito. Você é, portanto, em sua essência, eterno!

Mas "não será mais a mesma consciência de si!", você contestará, "portanto não mais exatamente eu..." De fato, o que pode nos fazer sofrer é nosso apego a esse intelecto, a essa consciência de si. Tanto mais que conhecemos claramente apenas ela, dado que nosso ser essencial, como força vital, continua desconhecido para nós. Mas a consciência de si, ligada ao intelecto, não constitui para Schopenhauer nossa identidade completa: sua função se reduz a suprir as necessidades do organismo, a buscar alimentos e elaborar técnicas para agarrar presas. Ela é a consciência dos meios a serem utilizados, num dado contexto, para sobreviver: o que morre, portanto, não tem grande valor! Não temos razão para nos apegar a essa consciência, não precisaremos mais dela por ocasião da nossa reencarnação, já que o contexto será diferente, os móveis da ação e os meios para sobreviver também. Portanto, quem deplora a perda dessa consciência cerebral é comparável aos groenlandeses convertidos, que já não queriam ir para o céu quando ficaram sabendo que lá não havia focas para caçar para se alimentar.

> Se o homem pudesse, ao contrário, tomar consciência de tudo o que completa mais sua natureza, ele se resignaria então sem dificuldade ao desaparecimento de sua individualidade, sorriria da tenacidade de seu apego a essa forma e diria: "Por que

me preocupar com a perda dessa individualidade, eu que trago em mim a possibilidade de individualidades inumeráveis?" (p. 1.238).

A morte é um sono

Schopenhauer defende a ideia da *palingenesia*, que não deve ser confundida com a *metempsicose*. A metempsicose é a passagem para um outro corpo daquilo que chamamos de alma. A palingenesia é a decomposição e a reformação do indivíduo sob a forma de um novo ser; só persistindo o querer-viver desse ser, ele recebe um novo intelecto.

Podemos ver nossa morte como um adormecimento. Ao despertar, nossa vontade terá se encarnado em uma nova forma individual. Portanto, ela persistirá infinitamente, numa eternidade entremeada de sestas. A morte não é nada, apenas uma ausência de sensações comparável ao sono. Para Schopenhauer, a morte é apenas uma mudança de individualidade!

> A morte é, assim, a perda de uma individualidade e a aquisição de uma individualidade nova; portanto, para o homem, uma mudança de individualidade operada sob a direção exclusiva de sua própria Vontade (p. 1.250).

A vida depois da morte não deveria nos amedrontar mais do que a vida antes do nascimento. Aparentemente não guardamos nenhuma lembrança assustadora desse não-ser anterior a nosso nascimento, por que então tornar assustador o que segue a existência? Não o é mais...

Schopenhauer nos apresenta o seguinte exemplo. Uma mosca, depois de zumbir, adormecer à noite para recomeçar a zumbir no dia seguinte é a mesma coisa, do ponto de vista do mundo, que o fato de ela morrer e seu ovo dar origem a uma outra mosca que zumbe. Essas duas moscas serem diferentes é uma visão do espírito, uma maneira que nosso conhecimento tem de separar as coisas, os fenômenos. Examinadas do ponto de vista da força vital que as anima, essas moscas provêm desse mesmo real ou o encarnam. Só essa força vital conta. Uma e única nos diferentes indivíduos, ela não desaparece, não morre, através de suas múltiplas reencarnações.

Você sente seu "eu plural"?

Esse argumento, entretanto, tem força para nos consolar? Decerto não, pois o fato de desaparecermos, para dar lugar a outros que não nós, não impede que nosso próprio desaparecimento seja objeto de nosso sofrimento, que a cessação de nossa existência individual seja o grande assunto que nos preocupa antes de tudo. Aí está o problema: nosso apego à nossa individualidade!

No entanto, refletindo sobre isso, examinando o que somos aqui e agora nas circunstâncias com as quais nos forjamos, podemos perceber que esse apego tem algo de não essencial e de ridículo. Sentimos, por exemplo, que poderíamos ter vivido igualmente bem no século XVIII ou nos adaptar às condições de vida do século XXV que está por vir. Por conseguinte, nosso ser não se reduz às duas datas que marcam o começo e o fim de sua vida nem ao encontro fortuito de nossos pais. Em suma, sentimos que poderíamos nascer em outras circunstâncias, em outra época, em outro lugar, e no entanto continuar sendo nós mesmos. Nossa identidade, portanto, não está ligada às condições fortuitas nas quais ela se criou. Aliás, temos a intuição de outras potencialidades em nós, que poderiam ter dado lugar a outras personalidades que não a que as circunstâncias nos fizeram adotar.

> Talvez cada um sinta de vez em quando, no mais profundo de si, uma consciência que conviria a uma existência completamente diferente desta, que é tão miserável, temporária, individual, tão unicamente preocupada com a miséria e a aflição; pensa então que a morte poderia levá-lo a essa outra existência (P.P. "Sur la doctrine de l'indestructibilité de notre être réel par la mort" ["Sobre a doutrina da indestrutibilidade de nosso ser pela morte"], p. 630).

Podemos ter a consciência de que somos mais do que um indivíduo, ou pelo menos de que nossa existência não se reduz unicamente à do indivíduo. Nosso ser é o germe de todos os que viverão no futuro e que já existem sob forma de potencialidades. O que morre não morre para sempre, e o que nasce não recebe fundamentalmente uma existência nova, uma vez que o germe (ou essência) de que saímos é eterna.

> Transcorreu um tempo infinito antes do meu nascimento: o que era eu, então, durante esse tempo? – A metafísica poderia fornecer essa resposta: "eu era sempre eu, ou seja, todos os que então diziam eu eram eu" (M.C.V.R. "De la mort et de ses rapports avec l'indestructibilité de notre être en soi", p. 1.208).

Essa explicação metafísica permite compreender o fato de nos sentirmos ao mesmo tempo mortais e imortais. Por conseguinte, só quem pensa sua vida com um nascimento e um fim que abre para um não-ser sofre com a morte. Devemos pensar nosso ser como ligado a uma fonte e não estirado entre esses dois extremos. Essa fonte é a essência de nossa espécie, o querer-viver. Não somos uma entidade autônoma, mas uma manifestação de uma realidade que, ela sim, é imperecível. Emanamos de um princípio transcendente, que é eterno.

A criança em nós

Com certeza para nos convencer totalmente disso seria preciso podermos rememorar nossas vidas anteriores. Ora, muito poucos o podem (Buda o conseguiu). No entanto, trazemos em nós a convicção secreta de que é mesmo assim.

Segundo Schopenhauer, um sinal concreto da permanência em nós de algo que não padece os danos do tempo é o frescor e a vivacidade de nossas lembranças de infância. Diríamos que o adulto que nos tornamos é totalmente estranho à criança que éramos? Certamente as circunstâncias mudaram; nisso, os móveis de nossas ações também ganharam em razão, em lucidez, em prudência ou em sensatez. Mas, no fundo, será que não permanece em nossas ações de adulto algo de nossas ações de criança: uma confiança às vezes excessiva, uma vontade de fazer todo o mundo rir de uma bobagem, uma necessidade de consolo gigantesca, um desejo de exploração de um universo desconhecido, feérico? Esse "algo" tão difícil de nomear é o próprio cerne de nossa individualidade, o ponto pelo qual ela se regenera, volta a ser, se reforma, se renova no decorrer de nossa vida. Os escritores bem o sabem, eles que extraem em sua infância o material de impressões, de emoções, para construir suas diversas obras, seus muitos personagens. Essa força de renovação de si mesmo já está presente no fundo de nós, imperecível, a salvo do tempo. Ela continuará sua obra quando nossa individualidade, que para nós se resume em x anos de vida, tiver caído nos limbos do esquecimento, para voltar tendo perdido a consciência dessa "vida anterior" num eterno recomeço.

Esse frescor das lembranças da infância não é uma qualidade de nossa memória – que aliás para alguns não é eficaz –, mas o sinal de que, criança ou adulto, as mesmas forças se agitam em nós (eis um indício da permanência atemporal do querer-viver). Vemos mais uma vez o contrassenso de um tempo linear segundo o qual a infância seria uma época passada.

Por conseguinte, chegamos à seguinte reflexão: o que teme a morte em nós, ou seja, o corpo, justamente não tem nada a temer, já que o querer-viver que ele encarna é eterno! Ao passo que a parte que em nós é indiferente à morte, porque é lúcida a respeito da verdadeira qualidade da vida, o espírito, é mortal.

Nossa individualidade morre? Ainda bem!

Seria pelo menos desejável que um indivíduo fosse eterno? Encontraremos, moralmente falando, um só indivíduo que mereça a imortalidade? Certamente não. Ver determinadas pessoas viverem indefinidamente seria comparável a um pesadelo... Devido à invariabilidade do caráter, um indivíduo que tivesse a eternidade pela frente nunca deixaria de agir da mesma maneira. Não seria mais que um mecanismo de repetição, insuportável tanto para si mesmo como para os outros, ruminando pensamentos mesquinhos, egoístas e ainda por cima repetitivos. Vendo seus vícios, suas maldades, suas abominações, não poderíamos, em sã consciência, desejar vê-lo viver eternamente. "Dar lugar aos jovens!" de certo modo, mais vivos, mais inventivos, mas principalmente mais ambiciosos, mais generosos. Ao indivíduo velho, implicante, que já não se renova, será que não devemos preferir uma renovação de forças vivas?

> Depois suponhamos que no meio de nossas reflexões surja esta pergunta: "Mas de onde virão todos esses homens? Onde estão agora? Onde é o vasto seio do nada prenhe de mundos que as encerra ainda, as gerações futuras?" Não seria a seguinte a verdadeira resposta, a que deveria ser dada com um sorriso a tal pergunta: e onde estariam senão aqui onde sempre esteve e estará o real, no presente e em seu conteúdo, por conseguinte em você, questionador tolo da aparência, e bem semelhante, nessa ignorância de teu próprio ser, a uma folha de árvore que, amarelada no outono e já quase caída, chora seu desaparecimento, sem querer se consolar pela perspectiva do novo verdor de que a árvore se revestirá na primavera, e que diz, gemendo: Não, já não sou eu! São folhas completamente outras! – ó folha insensata! Aonde afinal pretendes ir? E de onde afinal poderiam vir as outras? Onde está esse nada cujo abismo tu temes? Reconhece então teu próprio ser, o que em ti justamente tem tal sede de existência, reconhece-o na força íntima, misteriosa, na força ativa da árvore que, sempre uma, sempre a mesma em todas as gerações de folhas, permanece a salvo do nascimento e da morte (p. 1.221).

Para os homens é como para as folhas: deixemos de nos apegar desesperadamente a nossas vidas particulares.

O suicídio não resolve nada

Acabamos de ver que a morte não é uma libertação da vida e de seus sofrimentos, mas um adormecimento antes que reapareça uma nova manifestação da mesma Vontade. Procurar fugir da vida se matando é, portanto, absurdo. A vanidade do suicídio aparece quando se compreende que a morte não é esse aniquilamento esperado, mas no máximo uma mudança de estado, como a passagem do estado líquido ao estado gasoso, com a possibilidade de retomar o estado inicial, portanto de renascer. A morte ainda está submetida ao querer-viver. Por conseguinte, tudo o que Schopenhauer possa dizer contra a vida, seu pessimismo, não é uma incitação ao suicídio. Suicidar-se ou viver é para ele, paradoxalmente, a mesma coisa, sendo a morte não mais que uma latência antes de reviver da mesma maneira.

O suicida, por outro lado, diz-se decepcionado com a vida, com sua vida. Talvez ele pensasse que merecia coisa melhor, ou pior, que poderia ter feito melhor se soubesse... Teria desejado viver, mas sem sentir as dores ligadas à vida. Ainda acredita, decerto, que em outras circunstâncias poderia ter vivido bem. Não compreendeu a verdadeira natureza da vida e procura na morte um repouso que teria preferido encontrar enquanto vivo. Afirmando ainda em seu gesto seu amor infeliz pela vida, continua prisioneiro do querer-viver, sem ter conhecido a verdadeira salvação pelo conhecimento. Schopenhauer tenta, ao contrário, fazer-nos compreender a própria natureza da vida e do querer-viver, o que podemos esperar disso, o que, principalmente, não podemos esperar, e como nos libertar verdadeiramente: pelo desprendimento, depois pela negação.

A negação do querer-viver, que veremos no próximo capítulo, é uma decisão mais avisada do que a do suicídio, insensata.

Questões vitais

1) Por que você não quer morrer? Que argumentos poderia dar à sua alma a fim de que ela não reclame de desaparecer? Então você percebe que é seu corpo que não quer seu fim?

2) Schopenhauer acha que, no fundo, nós nos sentimos eternos. É por essa razão que esquecemos tão facilmente a ideia de morte na vida cotidiana (ela permanece abstrata) e que agimos como se fôssemos durar para sempre. Você se reconhece nesse "esquecimento" ou, ao contrário, pensa nisso a cada minuto, como

o faria um condenado à morte? Em vez de considerar ilusório esse sentimento de eternidade, e a morte como muito real, faça o contrário: pense a morte como uma ilusão e a vida como um eterno ressurgimento de si. Essa visão das coisas não faz eco a uma intuição em você?

3) Você sente uma força, no âmago do seu ser, que poderia ter se encarnado de outra maneira se as circunstâncias fossem diferentes? Essa combatividade, por exemplo, poderia ter conhecido outros combates? Essa sede de perfeição poderia ter se realizado de outra maneira, para outros absolutos (religiosos, políticos, artísticos)? Você não sente então que outras individualidades poderiam ter nascido a partir dessas mesmas forças que o habitam e que você não as esgotou por sua individualidade?

Filo-ação

1) Sabendo-se fraco, inepto, imperfeito, você não sente que seria necessário libertar suas potencialidades da forma em que, sem querer, você as aprisionou? Uma vez libertas, elas não poderiam realizar melhor, de modo diferente, mais intensamente, mais grandemente, aquilo que você soube enfrentar apenas debilmente? Você compreende então que seu intelecto, responsável por essa limitação de suas forças, não merece ser eterno, que sua dissolução é necessária? Você compreende que esse "eu", tal como ele é, talvez tenha a presunção de ainda perdurar, mas que essa presunção seria um erro, uma aberração? Se você compreende isso, entende a intuição de Schopenhauer, essa contradição encerrada no cerne de cada indivíduo: querer perdurar sabendo que não merece.

2) Pense agora que o que você não pôde realizar poderia tê-lo sido em outras circunstâncias mais favoráveis. A condição para que aconteçam essas oportunidades é a dissolução depois a re-

formação do mundo, oferecendo uma nova disposição. Também, isso suporia que você transformasse sua individualidade. Essa possibilidade não lhe parece desejável? Então você compreende a necessidade da morte, como simples dissolução de uma forma do mundo e de um indivíduo, para sua reforma sob nova luz, em novas circunstâncias, com novas oportunidades.

O nirvana ou a escolha do vazio, além da vida e da morte

O homem desejaria não mais sofrer, mas nem sempre ele compreende que o sofrimento é produzido por sua própria natureza. Se ele se deixa levar por sua natureza seguindo seus instintos, sendo espontâneo, deixando seu corpo falar, está se condenando a sofrer mais e mais. Esta é a lição que se extrai das partes anteriores.

Essa experiência íntima do sofrimento nos impele a tomar uma decisão contranatural para nos levar à emancipação: dizer "não" à vida. Ora, essa negação do querer-viver é tão insensata para nosso mundo que foi preciso o desvio por religiões, *via* mitos e histórias, para nos fazer compreendê-la sob forma de imagem. Schopenhauer, enquanto filósofo, pretende nos fazer entender a necessidade dessa negação por meio de argumentos metafísicos. Não hesita em evocar exemplos extraídos do cristianismo, em sua forma primitiva ou depurada (próxima de uma teologia mística), do ramo místico do Islã, o sufismo, e sobretudo do budismo e do bramanismo.

Entenda-se que as religiões invocadas em seu discurso não têm papel de argumentos de fé. Schopenhauer não se pretende discípulo de nenhuma delas, e menos ainda prosélito. Simplesmente sua metafísica, nascida de sua experiência e de seu olhar sobre a vida, vai ao encontro de mensagens ancestrais, o que enfatiza o caráter universal de sua intuição.

Condenados à eternidade?

O que é será eternamente, essa é a consequência do que vimos a respeito da morte enquanto latência antes de um retorno à vida.

O tempo? Não é mais do que a simples imagem da eternidade. É só ao tempo que devemos a concepção da existência nossa e de todas as coisas como perecível, finita e destinada ao aniquilamento. Basta compreender que o tempo é uma forma de nosso conhecimento, depois situá-lo na eternidade, para libertar-se dele.

Schopenhauer recusa-se a ver o tempo como uma progressão na qual se acumulam etapas do progresso. Ele prefere uma visão circular do tempo, donde a ideia de um incessante recomeço, cuja condição entretanto é uma incessante destruição, à imagem do ciclo das estações primavera/inverno.

Essa visão é tranquilizadora? Gostaríamos de retomar as palavras do jovial Voltaire, que não pode impedir-se de declarar: "Amamos a vida, mas o nada não deixa de ter coisas boas"; ou ainda: "Não sei o que é a vida eterna, mas esta é uma brincadeira de mau gosto".

No entanto, uma alternativa abre-se para nós: morrer e voltar, ou morrer e alcançar o nirvana. É de surpreender que Schopenhauer, representado como um homem de salão cínico, irônico e sarcástico, seja de fato um aficionado por religião, um leitor atento de tudo o que se escreve na época sobre o budismo (então pouco conhecido), o sufismo e o cristianismo.

Trata-se, portanto, de abordar a morte, não como a grande inimiga da vida, contra a qual lutamos durante muitos anos antes de sucumbir por cansaço de guerra, mas como uma pergunta que a Natureza faz, através de cada morte individual, ao querer-viver:

> "Está satisfeito? Quer, enfim, sair de mim?" E é para que a pergunta possa se repetir com bastante frequência que a vida individual é tão curta (M.C.V.R. "Théorie de la négation du vouloir-vivre", p. 1.377).

Quem já não faz caso de sua existência individual não se incomoda nem um pouco com a morte: libertou-se do querer-viver.

> De fato, não se pode atribuir outro objetivo à nossa existência que não o de nos ensinar que para nós mais valeria não existirmos. De todas as verdades, é a mais importante, e por isso merece ser expressada (p. 1.373).

Extinção final e nirvana

Ao compreendermos essa regeneração incessante de nosso indivíduo, tomamos a decisão de dizer a nós mesmos: "Basta! Não quero mais voltar sob nenhuma forma que seja". Essas palavras devem ser o reflexo de uma experiência interior: o "não--querer-viver". Então, essa renúncia nos daria o nirvana. Este termo não significa beatitude, como erroneamente se acredita, mas a extinção do querer-viver. É o ato de libertação maior, a suprema sabedoria! Pois poderíamos nos consolar da nossa imortalidade e assim perpetuar essa sede insaciável de viver mais e mais sob todas as formas possíveis, já que podemos. O fato de tomar consciência de nossa imortalidade produz um primeiro desprendimento em relação a esta forma da existência, a este ego, mas ainda não permite atingir a sabedoria.

> Morrer sem repugnância, morrer de boa vontade, morrer com alegria é o privilégio do homem resignado, aquele que renuncia à vontade de viver e a renega: pois só ele quer a morte real e já não apenas a aparente (M.C.V.R. "De la mort et de ses rapports avec l'indestructibilité de notre être en soi", p. 1.258).

Alguma coisa é ganha com essa negação, com essa renúncia ao querer-viver, alguma coisa diferente, que se esconde por trás de nossa existência e da qual é tão difícil dar conta com nossos conceitos a não ser negativamente, sob o termo "nada". Uma forma completamente outra de "ser", que não é a que conhecemos; portanto um não-ser, já que dela só é possível uma definição negativa. É o grande desconhecido: aquilo de que não se pode falar, o que os hindus chamam de maneira muito obscura de "reabsorção no Brama".

> Em mim, o mundo não preenche inteiramente a possibilidade de toda existência, mas resta ainda um grande espaço para o que designamos só negativamente pela negação do querer-viver (M.C.V.R. "Épiphilosophie" ["Epifilosofia"], p. 1.418).

Filo-ação

1) Faça a seguinte experiência: imagine que esteja travestido de uma vontade impossível, imperiosa, compulsiva, contraditória (p. ex., querer ajudar os outros a serem felizes sem que eles queiram, possuir sexualmente todos os corpos...). As dificuldades, as repetições dos fracassos e as exigências infinitas às quais você é entregue não acabariam por arrancar-lhe um grito de fastio: "Chega, não quero mais querer"? Se conseguiu colocar-se na pele desse personagem, você acaba de aflorar em pensamento o que seria a decisão de negar o querer-viver de uma vez para sempre...

2) A maior parte do tempo o querer-viver nos mantém ansiosos. Mas tente mergulhar numa dor importante que você já sentiu. Utilize seu sentimento de então para persuadir-se, por um momento, de que a vida só fornece uma torrente sem trégua de sofrimentos, decepções e lutas vãs. Você não teria então um sobressalto, uma aspiração a um repouso profundo? Não começaria por se imobilizar e por perceber que todas essas torrentes nada mais poderiam fazer contra você? Em seguida não ficaria indiferente à derrota, à humilhação, a seu futuro, ou seja, à sua sorte e não compreenderia finalmente que tudo o que acontece é também um nada sem consistência? Se você conseguir imaginar tudo isso, vai sentir o que poderia ser o nirvana.

3) Os santos do budismo dizem: "Chegarás ao nirvana, onde não mais encontrarás estas quatro coisas: o nascimento, a velhice, a doença e a morte". Nem o tempo que passa, nem a vulnerabilidade de nosso ser deverão voltar a nos tocar; tudo isso é vazio, inconsistente. Tente numa meditação libertar-se de sua individualidade. Pense que você é apenas uma criatura fictícia criada numa história em quadrinhos, que nada do que lhe toca é real: tudo é inventado, fictício, um jogo de ilusões. Nada que lhe diga respeito merece ser levado a sério por você, já que tudo provém do capricho de um desenhista que pode apagar num instante o que acaba de desenhar. Você sente como é tranquilizante essa "desrealização" de si?

Encontrar o verdadeiro repouso

Como preparar essa extinção do querer-viver, essa renúncia última? Decerto no que se segue Schopenhauer já não se dirige ao homem comum, mas a heróis e a santos, os únicos capazes, no final, não só de vencer seus sofrimentos – o que também está a nosso alcance –, como também de conhecer o nirvana, o verdadeiro repouso. Tentaremos caminhar sobre suas pegadas, para aproveitar um pouco de seu ensinamento.

> Pois queixar-se e lamentar-se eternamente, sem ser bastante forte para se resignar, é perder ao mesmo tempo o paraíso e a terra, para só manter um sentimentalismo lamuriento. Se quisermos chegar ao desprendimento e impor o respeito, é preciso que a dor tome a forma do conhecimento puro e que este leve à resignação como tranquilizador do querer (M.C.V.R. "La volonté s'affirme, puis se nie", p. 497).

A chave é a repressão de todas as formas que assume em nós o querer-viver. Na ausência de sofrimento, o repouso se torna possível. Como, muitas vezes, estamos numa atitude de rejeição diante do sofrimento, não vemos que ele acarreta uma grande lucidez, e que esse conhecimento pode depois devorar em nós até a vontade de nossa existência individual. A Vontade tendo devorado a si mesma, podemos ter acesso "em vez de à passagem eterna do desejo ao temor, da alegria à dor, ao lugar da esperança nunca satisfeita, nunca extinta" que faz da vida um sonho mau, a "esse oceano de quietude, esse repouso profundo da alma, essa serenidade e a essa segurança inabaláveis[20]".

---

20. M.C.V.R. "A vontade se afirma, depois se nega". Op. cit., p. 515.

Não vemos um homem entrar em si mesmo, reconhecer-se e também reconhecer o mundo, mudar de fio a pavio, erguer-se acima de si mesmo e de toda espécie de dores, e, como que purificado e santificado pelo sofrimento, com uma calma, uma beatitude e uma elevação de espírito que nada pode perturbar, renunciar a tudo o que ele desejava antes com tanto entusiasmo e receber a morte com alegria, não vemos um homem chegar a isso a não ser que, depois de ter percorrido todos os graus de uma aflição crescente e depois de lutar energicamente, esteja prestes a abandonar-se ao desespero. Como a fusão de um metal se anuncia por um raio, também a chama purificadora da dor produz nele a fulguração da vontade que se desvanece, ou seja, da libertação (p. 492).

O misticismo e o caminho para a santidade

Deixar de fazer caso de sua existência individual supõe ter compreendido a profunda unidade do todo. Tudo o que vive, tudo o que é, tem uma única e mesma raiz: o querer-viver. Você e eu somos apenas uma manifestação disso entre uma infinidade de outras, e cada um de nós traz em si esse todo. Essa seria a tomada de consciência mística. Para Schopenhauer, ela se define, não como uma experiência de Deus, mas como a consciência da identidade de seu próprio ser com o de todas as coisas ou com a essência do mundo.

O místico, seja qual for sua crença (sufi no islã, budista ou cristão), sabe que ele não se pertence. A raiz de seu ser, aquilo porque ele está vivo, reúne-se à raiz de todas as outras criaturas, de todas as outras manifestações. Se ele vier a desaparecer, a força vital que empregava para ser vai se manifestar em outro lugar, diferentemente ou sob forma quase idêntica, como seriam as folhas de uma árvore, que vivem todas da mesma seiva, diferentes ou idênticas, substituíveis umas pelas outras, já contendo o princípio das gerações vindouras.

Temos, portanto, de renunciar à nossa existência individual. Isso passa pela negação do "eu" e do "meu", causas do mal. Diz-se que a queda tanto do diabo como de Adão se deveria ao uso que começaram a fazer do "eu" e do "mim", do "meu" e do "de mim[21]".

> Nosso verdadeiro eu não reside só na nossa pessoa, no fenômeno que somos, mas em tudo o que vive. Assim o coração se sente ampliado, ao passo que o egoísmo o estreita. Com o egoísmo, de fato, todo o nosso interesse se concentra em um só fenômeno, no nosso indivíduo; então a inteligência nos apresenta a imagem de perigos inumeráveis que ameaçam incessantemente esse fenômeno; e a inquietude, a ansiedade torna-se a dominante de nosso humor. Ao contrário, saber que nosso ser em si é o que vive e não simplesmente nossa própria pessoa amplia nosso interesse para todos os seres vivos, e nosso coração se vê engrandecido. [...] Daí a serenidade calma, despreocupada, que traz com ela uma alma virtuosa, uma consciência boa (p. 470).

Buda enunciava o *Tat twam asi*: "Isto és tu, és tudo". É o meio de renunciar a si substituindo-o por uma simpatia universal, de chegar ao nirvana no budismo.

No bramanismo, propõe-se aos iniciados pronunciar o misterioso *Oum*. Sua repetição permite que a consciência se identifique com um objeto exterior. Essa experiência anula a representação e os pensamentos, ela é denominada nirvana.

> É essa consciência ainda completamente sentimental que os *Upanixades[22]* dos *Vedas* repetem sob tantas formas variadas, e sobretudo nesta sentença [...]: Sou eu que sou todas essas criaturas em sua totalidade, e não há outro ser além de mim. Há aqui um encantamento que ultrapassa nossa própria individualidade; é o sentimento de sublime (M.C.V.R. "Représentation et principe de raison", p. 265).

---

21. Em francês, *du "je" et du "moi", du "mien" et du "à moi"*. Em português não temos essas variações da forma pronominal, portanto, je/moi = eu, mien/à moi = meu [N.T.].

22. Os *Upanixades* são uma parte dos textos sagrados indianos que estão na origem do vedismo (bramanismo primitivo). Schopenhauer extrai essa sentença de *Oupnek'at* (vol. 1, p. 122), versão latina dos *Upanixades* estabelecida por Anquetil-Duperron em 1801.

A meditação, levando à extinção da consciência individual, abre, portanto, o caminho para o repouso. Com frequência somos nosso próprio inimigo. Pensamentos sem objetos, carregados de um mal sem realidade, nos incomodam sem razão. Às vezes são apenas energias ruins ou substitutos de atividades psíquicas recalcadas que nos corroem por dentro. É necessário, portanto, expurgá-las, e a meditação pode ser uma maneira de fazê-lo.

Sem dúvida não chegaremos ao último grau de santidade, o que nos faria assumir plenamente o voto de pobreza, o que leva Buda a dizer a seus discípulos: "Sede mendigos". Mas, sem atingir esse estágio, talvez possamos pelo menos nos aproximar de um grau menor de sabedoria e de um sentimento de plenitude.

A arte do ascetismo

O ascetismo é a mortificação premeditada da vontade própria. O asceta se obriga a não fazer nada do que agrada à Vontade e a fazer, ao contrário, tudo o que lhe desagrada. Não só consente no sofrimento como o inflige a si mesmo sob forma de penitência. Para chegar a esse estágio de aceitação do sofrimento, é preciso ter sofrido muito, até a resignação, ou seja, até a capacidade de já não ter esperança de que seja de outra maneira. Essa resignação é uma conversão no sentido da santidade:

> Toda dor, enquanto mortificação e encaminhamento para a resignação, tem em potencial uma virtude santificante (M.C.V.R. "La volonté s'affirme, puis se nie", p. 496).

O asceta já não teme sofrer; ao contrário, é capaz de receber com alegria os golpes da adversidade:

> Também, todo sofrimento que lhe vem de fora, seja resultado do acaso ou da maldade de outro, é bem-vindo para ele; e o mesmo ocorre para com os ultrajes, as ofensas, os danos de todo tipo; acolhe-os com alegria, encontrando neles uma oportunidade de dar a si mesmo a prova de que doravante já não afirma sua vontade [...]. Ele aguenta então essas injúrias e esses sofrimentos com uma paciência, uma doçura, inesgotáveis; retribui o mal com o bem, sem ostentação; não deixa reacender-se nele o fogo da raiva nem o dos desejos (p. 480).

O primeiro aspecto do ascetismo é a castidade, ou seja, a recusa de todo ato sexual. Aos olhos de Schopenhauer, duas razões justificam essa necessária castidade.

Vimos na primeira parte deste livro que todo ato sexual tem como objetivo e horizonte a procriação. Ora, livrar a humanidade do sofrimento supõe não mais se reproduzir: a castidade é, portanto, uma libertação em relação às injunções da Natureza em nós.

O segundo argumento vem de Santo Agostinho, que Schopenhauer lê: a carne é concupiscência. O que é a concupiscência? A cobiça. Esta pode se restringir a um único objeto? Pode querer a união com um só corpo, uma só alma, por toda a vida? Mais parece que essa carne se cansa quando pensa saber tudo do objeto que envolveu. Outras conquistas a fazem estremecer; outros desafios a fazem vibrar. Como não poderia haver no prazer de descobrir um corpo o desejo de explorar outros, de aprimorar seu conhecimento pela comparação? A concupiscência nos lança fatalmente na multiplicidade de objetos de cobiça. O livro de Stephen Vizinczey, *Éloge des femmes mûres* [*Elogio das mulheres maduras*], que segundo o texto de quarta capa é *best*-seller desde seu lançamento em 1965, é um relato da iniciação de um rapaz aos prazeres de mulheres mais velhas do que ele. Descreve a infidelidade profunda do desejo. O apetite de seu corpo e de sua alma impele o herói a ir de uma mulher para outra, construindo ao longo de sua iniciação uma divertida tipologia. Há um dom-juanismo próprio da concupiscência que não conhece nem fim nem satisfação: é a exigência vazia, extenuante e absurda de possuir. Mais vale libertar-se da cobiça sob todas as formas.

Esse conselho diz respeito igualmente a outro aspecto do ascetismo que é o *voto de pobreza*. Ele implica o desprendimento em relação aos bens materiais, sendo que a posse é apenas outra forma de cobiça. O prazer que a posse de um bem material pretende dar é ilusório. Mais vale renunciar a ele e constituir-se como "pobre". Basta ver o que se declara nas diferentes religiões sobre os ricos, para compreender que eles se enganaram de posição na existência. Eles conhecem ao mesmo tempo as agruras da cobiça e as da avareza. Que preocupação para esses homens cujo valor está ligado ao que possuem! Que angústia de perder seus bens! Que medo de serem menos se tiverem menos! Que falta de paz! Schopenhauer cita, ao contrário, o preceito cristão que leva a dar a própria camisa a quem a pede: ser capaz de se desapossar de tudo porque ele é eu, e eu sou ele. A verdadeira riqueza não é material, o que importa a camisa!

Os votos de pobreza e de castidade vão ambos ao encontro do projeto de renunciar aos desejos insaciáveis para alcançar a tranquilidade da alma.

A arte do quietismo[23]

O quietismo se define como a renúncia a toda vontade própria. Se a Vontade se declina na forma de desejos, nós compreendemos a necessidade de renunciar aos desejos. Mas o quietismo, de que estamos tratando aqui, vai mais longe. A que estamos renunciando realmente ao renunciarmos ao querer?

Renunciamos a um desejo inconsciente de onipotência. A Vontade supõe a autoafirmação. Ora, afirmar-se supõe acreditar que se pode submeter a ordem do mundo a seu bel-prazer. O delírio de onipotência, então, começa aqui. A Vontade é insensata, pois sabe que ela é tudo, e o indivíduo, manifestação dessa Vontade, quer tudo, mas em benefícios de sua individualidade. Como poderia ser de outra maneira?

> Não há nada como sentir-se si mesmo, e sentir do que se é capaz em todos os gêneros, e os limites em que se é mantido, para permanecer em paz, tanto quanto possível, consigo mesmo. Pois vale para o interior o mesmo que para o exterior; não há fonte mais segura de consolos do que ver com perfeita evidência a necessidade inevitável do que acontece. [...] daí,

---

23. A palavra vem do latim, *quietus*, que significa "quieto", "pacífico". O quietismo é originalmente uma doutrina mística, cristã, do século XVII, construída por Miguel de Molinos, que visa a perfeição por meio de um estado de passividade e de pura contemplação.

todos os acontecimentos nos aparecem como os ditados de um destino poderoso; e o mal que nos atingiu nada mais é do que o inevitável efeito do encontro entre os acontecimentos do exterior e nosso estado interior. O consolador é o fatalismo (p. 388).

A reflexão pode parecer antiga, mas os estoicos já sugeriam distinguir o que depende de si e o que não depende de si. Nesta última categoria, é preciso colocar tudo o que diz respeito aos acontecimentos do mundo, como uma catástrofe natural ou uma intervenção armada. Isso vale para todos os acontecimentos exteriores, mas também para todas as doenças do corpo ou para as opiniões dos outros sobre nós, que são próprios do destino, da fatalidade. Essa distinção entre o que depende de nós e o que não depende de nós ajuda-nos a não cometer o erro de desejar um objeto ou um acontecimento que entra na segunda categoria, pois ficaríamos frustrados se não pudéssemos ser satisfeitos. Mas sobretudo, e é nesse ponto que ela é mais útil, ela nos permite nos libertarmos da falsa opinião segundo a qual merecemos o que nos acontece, quer seja bom ou ruim. Tal ideia suporia que a vida recompensa nossos esforços e pune nossas fraquezas, opinião errônea que nos deixa muito infelizes quando não nos acontece o que acreditamos merecer!

Não depende de você, por exemplo, que seu patrão o aprecie. Claro, você protestaria que se você faz um trabalho de qualidade, se é pontual, confiável e perspicaz, isso só pode inspirar-lhe um julgamento positivo. Ora, nada é menos evidente, justamente. Primeiro porque ele poderia ter o espírito obtuso a ponto de não notar essas qualidades, depois porque ele poderia ver na sua maneira de dar sua opinião não uma perspicácia útil, mas uma certa insolência irritante ou, ao contrário, uma docilidade maleável. A opinião dele, sejam quais forem os esforços que você faz para suscitá-la, lhe escapa. No mais das vezes ela se deve a fatores exteriores que estão fora do seu poder: a psicologia retorcida do outro, seus humores, impressões inconscientes, associações de ideias etc. Por conseguinte, a opinião que os outros têm de você não depende de você, e sobretudo não depende do seu mérito pessoal: não se preocupe com isso!

A maioria dos acontecimentos que nos tocam também não depende de nós: mercado de emprego, meteorologia, encontros fortuitos favoráveis ou desfavoráveis etc. Devemos acolhê-los com tranquilidade, como se tivessem sido desejados assim por um poder divino. Um começo de quietismo consistiria, então, em praticar esse exercício: renunciar a querer o que não depende de nós, o que nos é enviado como provação.

Mas o desafio não é pequeno, tanto mais quanto a sociedade em que vivemos incita-nos tacitamente a pensar de outra maneira. Por toda parte, ela estimula em nós o delírio de onipotência. Faz-se o indivíduo acreditar que o sucesso de sua vida depende de seus méritos, de sua iniciativa, da sua força de vontade. Antes, a religião instaurava uma ordem do permitido e do proibido. Estava então em nosso poder transgredir a proibição, sob pena de sentir culpa. Agora, essa ordem normativa é das mais vagas e a proibição pode ser contornada por uma estratégia individual eficaz. Mas o que perdemos em sentimento de culpa ganhamos em sentimento de deficiência! Quando não obtemos o que queríamos, temos ainda um sentimento de culpa, mas desta vez no sentido de "deficiência". Não obtivemos o que queríamos por falta de competência, de astúcia, de perspicácia, de audácia etc. Sentimo-nos culpados por ficarmos doentes, pois uma melhor higiene de vida teria nos prevenido contra a doença. Tememos um destino medíocre quando todas as sirenes nos murmuram que depende de nós alçar-nos a alguma posição invejável.

Ora, esses pensamentos só produzem infelicidade, um sentimento insuportável de estarmos sempre em falta, inaptos, abaixo das expectativas. Em *La fatigue d'être soi*[24] [*O cansaço de ser si*

---

24. EHRENBWER, A. *La fatigue d'être soi*. Odile Jacob, 2008.

mesmo], Alain Ehrenberg, sociólogo do CNRS*, caracteriza esse sentimento como a depressão do indivíduo numa sociedade que tem o culto ao desempenho.

O benefício dessa afirmação de si, de seu indivíduo, de sua própria vontade, é precário comparado com o preço a ser pago. Se examinarmos com lucidez os prejuízos da afirmação de si mesmo, a renúncia à sua individualidade deveria ser um alívio, um ganho importante de tranquilidade. Renunciemos, portanto, às exigências infinitas da força de vontade, saibamos praticar o quietismo, o atentismo, a fim de encontrar o verdadeiro repouso.

Filo-ação

1) Pense em algo que está fazendo você sofrer atualmente. Tente ver até que ponto a causa desse sofrimento não depende de você, não é de modo algum de sua alçada, não está ligada a seu mérito. Essa reflexão não produz em você uma profunda tranquilidade?

2) Tente perceber que você pode viver com pouco, sendo que a maioria dos objetos cobiçados são supérfluos, e deixar de desejar coisas novas. Essa ascese não contribui para uma certa paz interior?

3) Quando uma situação (encontro, reunião...) é fonte de estresse, o que o deixa estressado? Muitas vezes é sua própria pressão para ser bem-sucedido, para estar à altura, pois você vive os acontecimentos como provas. Então faltaria bem pouco para que a vida se tornasse uma corrida de obstáculos. Da próxima vez que uma situação o estressar, tente dizer a si mesmo que não há nada a esperar dela. A energia que você gastaria para fazer do momento alguma coisa especial, bem-sucedida, de todo modo vai deixar um sabor de cinzas, já que o custo energético será maior do que o benefício ou o deleite. Fique calmo, impla-

---

* Centre National de la Recherche Scientifique [Centro Nacional da Pesquisa Científica] [N.T.].

cavelmente lúcido. Faça o inventário do que vai falhar, ser insuficiente. Esse pensamento sensato ("vai falhar") consiste em apagar as expectativas, em deixar de lado o dever de agradar, pois querer evitar o fiasco a qualquer preço é fonte de estresse. Mais vale aceitar essa possibilidade! Não tente investir na situação um "eu" que deveria parecer brilhante.

4) Quando for assediado por um fluxo doloroso de pensamentos, pare por um instante e, imobilizado, enfrente-os. Como um professor sensato diante de um aluno ruidoso, tente distinguir nesses pensamentos o que o fere, considere que são "nadas insignificantes" que o estão afetando. Raciocine assim até que seus pensamentos se dissipem, uma vez que você tenha reconhecido sua inconsistência. Saboreie o efeito lenitivo da meditação.

5) Em nosso ativismo, esquecemos os benefícios da contemplação. Aproveite um pedacinho de sol para se deter e oferecer o rosto a seus raios. Sinta o calor em sua pele. Deixe sua consciência tornar-se uma consciência difusa do mundo, uma consciência vaga, global, e sinta como isso é fonte de paz verdadeira. Multiplique esses momentos.

6) Muitas vezes sentimos que os acontecimentos nos exigem. Precisamos agir, querer, organizar a realidade, imprimir-lhe nossas diretrizes. Quando tiver oportunidade, numa reunião, num encontro ou num evento imprevisto, não procure intervir imediatamente para organizar as coisas segundo sua vontade, mas acolha o que está se desenrolando sob seus olhos. Mantenha a serenidade interior. Não forneça mais do que lhe é solicitado (uma palavra, uma mão estendida) e não tente dar uma direção ao conjunto. Você está experimentando o quietismo. Não está sentindo que essa economia de energia revitaliza profundamente?

Elementos de uma vida

Nietzsche dizia em *Além do bem e do mal*: "Pouco a pouco descobri que toda grande filosofia até hoje foi a confissão de seu autor e (quer ele quisesse ou percebesse ou não) constitui suas memórias". Embora a ideia seja muito discutível, podemos encontrar na biografia de Schopenhauer muitos elementos que estiveram na origem de sua filosofia.

Arthur Schopenhauer nasce em 22 de fevereiro de 1788 em Dantzig. É o primogênito de um casamento sem amor. Sua mãe, Johanna Trosiener, casa-se por dinheiro com o rico comerciante Floris Schopenhauer, de uma família de ascendência holandesa. Ela se aborrece terrivelmente, e só se realizará realmente depois de viúva. Johanna de fato gosta das mundanidades, das recepções. É escritora. O pai de Arthur, por sua vez, passa por períodos de violência e de irascibilidade inexplicáveis, intercalados por fases de depressão e autismo durante as quais já nem reconhece os amigos. Arthur, como indica sua filosofia, herda a inteligência da mãe, que o orienta muito cedo na direção do conhecimento, da leitura e da escrita. Do pai, de caráter tenebroso, irascível e depressivo, marcado pelo orgulho e pelo sangue-frio, ele tem seu lado frio e duro.

Aos dez anos, Arthur é mandado para Le Havre, onde permanece por dois anos com uma família de acolhimento, para possibilitar que ele se eduque lendo "o grande livro do mundo". Depois, aos quinze anos, em oposição a seu gosto pelos estudos clássicos e para incitá-lo a continuar sua atividade comercial, o pai lhe propõe o seguinte trato: ou ele continua os estudos no liceu e se torna professor, ou ele participa em família de uma viagem de vários anos através da Europa, sob condição de que ao final desse périplo siga seus estudos na área do comércio. Assim então, muito naturalmente, em 5 de maio de 1803 a família inteira (Arthur, claro, seus pais e Adèle, sua irmã de seis anos) começa sua viagem pela Holanda. O jovem Arthur faz anotações em seu diário. Ao percorrer a Inglaterra, a França, Paris, Bordeaux, o Bagne de Toulon etc., ficará impressionado com o espetáculo do sofrimento humano, mas também com o tédio da elite, para quem os divertimentos não chegam nem a ser um viático. Só a paz que lhe inspiram as montanhas suíças parece ser uma trégua para as dores do mundo. Portanto, ele descobre sua vocação filosófica espantando-se diante da realidade do mundo: "Aos dezessete anos, quando eu recebera apenas uma formação escolar das mais medíocres, fui surpreendido pela miséria da vida, como o foi Buda em sua juventude ao descobrir a existência da doença, da velhice e da morte[25]".

Quando Arthur tem dezoito anos, seu pai morre: o corpo é encontrado no canal, sob o telhado de seu depósito. A hipótese mais provável é a de suicídio. De fato, ele passava por uma de suas crises de depressão, com angústias e ideias de suicídio. Arthur assiste então, reprovando-a intensamente, à emancipação de sua mãe, que imediatamente aproveita a viuvez para viver a vida com que sempre sonhara: muda-se para Weimar, onde abre um salão. O rapaz vê-se então diante de um dilema de consciência: manter o respeito à memória do pai ou trair sua promessa e abandonar o comércio, que não lhe agrada, para dedicar-se a estudos "eruditos" (primeiro medicina, depois filosofia). Tal como a mãe, ele opta por seu desenvolvimento pessoal e se torna filósofo.

Isso não o impede de desenvolver um grande ressentimento ao assistir aos lazeres da mãe: talvez seja essa a origem de sua misoginia. Basta ler o *Essai sur les femmes* [*Ensaios sobre as mulheres*] para lá encontrar implícitas algumas alusões à nova vida

---

25. *Essais sur les apparitions*. Alcan, 1912, p. 185 [trad. fr. A. Dietrich].

da mãe. No entanto, é em seu salão, que ganha cada vez maior importância, que ocorre seu precioso encontro com Goethe e, sobretudo, com Maier, que o introduz ao budismo e aos Vedas[26] (então pouco conhecidos). Essas descobertas são fundamentais para o nascimento de sua filosofia.

Entretanto, a mãe de Arthur já não suporta seu modo de criticar tudo, de contestar permanentemente seus convidados e seu aparente desprezo por ela. Intima-o a não mais comparecer a seus saraus, depois o expulsa quando ele exige que ela se separe do amante. A ruptura é consumada em 1814. A partir daí sua relação foi apenas epistolar. Johanna deserda o filho antes de morrer, em 1838.

As conquistas femininas do jovem Arthur não reparam esse sentimento de filho mal-amado. Por um lado submetido a uma forte pressão sexual, por outro muito desconfiado, só vive histórias amorosas muito breves ou sem ímpeto. No fim da vida, vangloria-se, diante dos discípulos, de nunca ter se casado.

Quanto ao sucesso intelectual esperado, este demora a chegar: embora, já aos vinte e seis anos, ele termine sua primeira grande obra, *O mundo como vontade e como representação*, ela não se vende e não é lida. O ensino universitário também é um fracasso: tendo seu curso colocado no mesmo horário que o de seu inimigo Hegel, que lota o anfiteatro, condena-se a falar para uma sala quase vazia. Herdeiro de uma parte da fortuna do pai e extremamente cioso de suas rendas, ele pode, apesar de tudo, viajar e viver sem depender nem da universidade, nem da editora, sempre observando seus contemporâneos. Apesar da consciência que tem das condições sociais deploráveis dos trabalhadores (às quais faz alusão em sua obra), seu medo caracterial da violência e da desordem leva-o a tomar posição a favor da contrarrevolução em 1848 – é o fracasso de sua consciência diante do caráter do homem! Aliás, em seu testamento lega sua fortuna à associação

---

26. Conjunto de textos sagrados dos hindus. Há quatro Vedas: o Rigveda, o Samaveda, o Yajurveda e o Atharvaveda.

que ajuda as famílias dos soldados mortos ou mutilados por ocasião do levante revolucionário.

A celebridade vem tardiamente, em 1851, com a publicação de *Parerga & Paralipomena*, obra mais acessível, mais realista. Dispõe-se a determinados contatos, mas, apesar disso, recusa a visita de Richard Wagner, e não muda nada no final de sua vida muito regrada (era conhecido por seus quinze minutos de exercícios de flauta depois do almoço e por seus passeios solitários com seu *poodle*).

Morre numa sexta-feira, 21 de setembro de 1860, sentado em seu sofá, sem nenhuma expressão de dor.

Guia de leitura

Obras de Schopenhauer

Le monde comme volonté et comme représentation [*O mundo como vontade e como representação*]. PUF, 1966 [trad. fr. A. Bureau].

É a obra principal de Schopenhauer. Será proveitoso ler a parte IV e os suplementos, em que o autor traduz de maneira muito acessível sua concepção do sofrimento na vida. O capítulo "De la vanité et des souffrances de la vie" ["Da vanidade e dos sofrimentos da vida"] deve ser lido prioritariamente. É nesta obra também que se encontram dois capítulos famosos: "Métaphysique de l'amour" ["Metafísica do amor"] e "De la mort et de ses rapports avec l'indestructibilité de notre être en soi" ["Da morte e de suas relações com a indestrutibilidade de nosso ser em si"], às vezes intitulado "La métaphysique de la mort" ["A metafísica da morte"].

Parerga & Paralipomena. Coda, 2005 [trad. fr. J.-P. Jackson].

Esse título significa "obras secundárias" e "restos". Pretende ser uma "filosofia do mundo", na dimensão mais realista, tratando de temas iconoclastas: as aparições, mesas girantes etc. Muitos pequenos livros de Schopenhauer editados atualmente são excertos desta obra. Será proveitoso ler os seguintes títulos: "Suppléments à la doctrine du néant de l'existence" ["Suplementos à doutrina do vazio da existência"], "Suppléments à la doctrine de la souffrance du monde" ["Suplementos à doutrina do sofrimento do mundo"], "Sur la doctrine de l'indestructibilité de notre être réel par la mort" ["Sobre a doutrina da indestrutibilidade de nosso ser real pela morte"] e os conhecidos "Aphorismes sur la sagesse dans la vie" ["Aforismos sobre a sabedoria na vida"].

Le fondement de la morale [*O fundamento da moral*]. Livre de poche, 1991 [trad. fr. A. Burdeau].

O autor busca o que pode fundamentar a moral e confronta de maneira muito interessante vários princípios possíveis, antes de mostrar que só a piedade pode inspirar nossas boas ações.

Douleurs du monde, pensées et fragments [*Dores do mundo, pensamentos e fragmentos*]. Rivages poche, 1990 [trad. fr. J. Bourdeau].

Este livro, constituído a partir de excertos de obras, é uma ótima iniciação ao estilo, ao tom da metafísica do autor. Entretanto, sua apresentação por fragmentos não pode substituir a leitura dos capítulos integrais aconselhados acima, nos quais o autor não se limita a aforismos, mas desenvolve longamente sua argumentação, o que merece a leitura.

Comentários e ajudas à leitura

RAYMOND, D. *Schopenhauer*. Seuil, 1995.

Obra repleta de ilustrações da época, de fotos, lembrando num primeiro momento a vida de Schopenhauer, em seguida abordando sua obra sob o ângulo do tédio. Bela reflexão, inteligente, a ser lida por quem se interessa mais particularmente pelo tédio.

SANS, É. *Schopenhauer*. Que sais-je?, 1990.

Para esclarecer diferentes conceitos. Esta obra, no entanto, não é fácil e sua leitura supõe um esforço de abstração, devido à forma muito sintética.

SAFRANSKI, R. *Schopenhauer et les années folles de la philosophie* [*Schopenhauer e os anos loucos da filosofia*]. PUF, 1990 [trad. fr. H. Hildenbrand].

Uma obra agradável, para acompanhar as peripécias de Schopenhauer ao longo de sua vida e descobrir suas ideias no contexto filosófico da época. O leitor encontrará relatos truculentos e uma reflexão divertida.

CULTURAL

Administração
Antropologia
Biografias
Comunicação
Dinâmicas e Jogos
Ecologia e Meio Ambiente
Educação e Pedagogia
Filosofia
História
Letras e Literatura
Obras de referência
Política
Psicologia
Saúde e Nutrição
Serviço Social e Trabalho
Sociologia

CATEQUÉTICO PASTORAL

Catequese
    Geral
    Crisma
    Primeira Eucaristia

    Pastoral
        Geral
        Sacramental
        Familiar
        Social
        Ensino Religioso Escolar

TEOLÓGICO ESPIRITUAL

Biografias
Devocionários
Espiritualidade e Mística
Espiritualidade Mariana
Franciscanismo
Autoconhecimento
Liturgia
Obras de referência
Sagrada Escritura e Livros Apócrifos

    Teologia
        Bíblica
        Histórica
        Prática
        Sistemática

REVISTAS

Concilium
Estudos Bíblicos
Grande Sinal
REB (Revista Eclesiástica Brasileira)

VOZES NOBILIS

Uma linha editorial especial, com importantes autores, alto valor agregado e qualidade superior.

VOZES DE BOLSO

Obras clássicas de Ciências Humanas em formato de bolso.

PRODUTOS SAZONAIS

Folhinha do Sagrado Coração de Jesus
Calendário de mesa do Sagrado Coração de Jesus
Almanaque Santo Antônio
Agendinha
Diário Vozes
Meditações para o dia a dia
Encontro diário com Deus
Guia Litúrgico

CADASTRE-SE
www.vozes.com.br

EDITORA VOZES LTDA.
Rua Frei Luís, 100 – Centro – Cep 25689-900 – Petrópolis, RJ
Tel.: (24) 2233-9000 – Fax: (24) 2231-4676 – E-mail: vendas@vozes.com.br

UNIDADES NO BRASIL: Belo Horizonte, MG – Brasília, DF – Campinas, SP – Cuiabá, MT
Curitiba, PR – Fortaleza, CE – Juiz de Fora, MG – Petrópolis, RJ – Recife, PE – São Paulo, SP